Viriles comme Vénus

DU MÊME AUTEUR

Ces mots qui nous gouvernent, Bayard, 2008.

Comment les médias nous parlent (mal), Les Pérégrines, 2014.

Sexy Corpus, voyage dans la chair des mots, Lemieux, 2015.

J'te kiffe, je t'aime, Gallimard, Folio, 2017.

Mariette Darrigrand

Viriles comme Vénus

ÉQUATEURS

ISBN 978-2-38284-174-7.

Dépôt légal : octobre 2021.

170 *bis*, boulevard du Montparnasse, 75014 Paris.

contact@editionsdesequateurs.fr
www.editionsdesequateurs.fr

Pour Lucy,

entourée de Léa, Manuel, Chloé, Tom,
Inès, Peïo, Clara.

« Venus, *vi tua,* par ta virilité, accompagne-moi dans mon effort pour écrire… »

Librement adapté de Lucrèce,
L'Hymne à Vénus (*De Rerum Natura*).

Introduction

Peu de mots sont à la fois aussi contemporains et aussi anciens. Peu de mots attirent autant de foudres et d'envie. Peu de mots ont évolué à ce point à partir de leur étymologie. Peu de mots ont été aussi injustement accaparés par la moitié de l'humanité pour en priver l'autre. Ce mot, passionnant, qui va nous occuper dans ce petit ouvrage, est celui de « virilité ».

Récemment, cette notion, vieille comme le monde occidental, en a été l'un des marqueurs les plus négatifs. Mise sous le feu des critiques, la virilité a été amalgamée à d'autres « dominations » abusives. Celle des hommes sur les femmes a fait écho à celle de l'industrie sur la nature, du capital sur l'humain, de certaines cultures sur d'autres… Mon métier consiste à observer ce type de phénomènes pour voir comment s'organisent nos représentations collectives, pour traquer l'idéologie. Par cette approche sémiologique, à partir de détails, de formulations dans l'air du temps, j'ai pu constater que « virilité » fait désormais partie des mots inflammables, capables de cliver les camps et de créer la polémique.

À l'heure de #MeToo, il est normal que la « virilité » soit interpellée, déconstruite, attaquée, sommée de laisser la place. Je partage ces critiques et loin de moi l'idée de défendre tout retour en arrière vers une résurrection de la féminité et de la masculinité à l'ancienne. Il est encore moins dans mon intention d'exprimer la moindre complaisance à l'égard des violences faites aux femmes, aux injustices sociales dont elles sont encore victimes. Toutefois, pour ne pas tomber dans les travers de la *cancel culture*, je tiens à soumettre au débat la richesse d'un terme qui gagne à être connu.

Contre la guerre des sexes et des mots, j'invite à remonter à leur source. « Virilité », dès son origine et tout au long de son histoire, s'est construit à l'intérieur d'un écosystème à redécouvrir urgemment dans le monde actuel. Parmi ces termes, certains sont à jeter à la poubelle, mais d'autres doivent être rafraîchis et recolorisés. À nous de faire le bon tri sémantique !

Ne jetons pas la « virilité » avec l'eau de son bain idéologique, sans quoi les femmes pourraient bien être lésées une deuxième fois. L'histoire du langage montre en effet qu'en fait, elles ont été privées de cette force vitale qui au départ n'était pas genrée. La virilité, comme énergie venue de la nature, a semblé si intéressante aux hommes qu'ils l'ont tout simplement accaparée…

Dans les lignes qui suivent, mon but sera de revenir sur ce détournement, d'en voir les enjeux et d'ouvrir des chemins de traverse… Les femmes doivent récupérer leur droit plein et entier d'être viriles, avec les hommes, et pas forcément comme eux. En tout cas, sans se masculiniser ni se neutraliser.

Les mots n'abolissent jamais les choses. Et c'est tant mieux. Mais, dans une société d'influence comme la nôtre, ils peuvent en quelques secondes allumer de terribles brasiers. Allumons plutôt leur pouvoir pacificateur et civilisateur, luttons pour décaricaturer le réel. Femme guerrière, femme soumise, homme trop viril, ou pas assez viril… Cessons de souscrire à ces avatars construits par les peurs et les méfiances. Ils nous étouffent. Ils ne font pas place à ce qui est vivant en chacun de nous – bien plus subtilement, bien plus singulièrement. Avec tant de nuances.

Loin des censures et des anathèmes, nous verrons que sous la peau du langage convenu, palpitent des sources d'inspiration, toute une énergie renouvelable pour pacifier nos relations et rendre possible une vraie conversation. Le face-à-face rival et hostile du féminin et du masculin ne cessera qu'en se dégageant de toute violence mimétique, en acceptant de regarder le monde conjointement, avec similitude et avec différences.

Loin des censures et des anathèmes, le texte que vous allez lire a comme seule prétention de contester le langage figé depuis des siècles pour partir à la rencontre d'une image, d'une évocation, d'un jeu de mots, d'un sens caché, de toute une richesse lexicale et symbolique qui ne doit pas être perdue. Il s'agira de faire bouger les mots comme on fait bouger les lignes pour nous intéresser aux amorces de représentations nouvelles qu'ils contiennent. Faisons d'eux des outils d'imagination et de réconciliation au lieu d'en faire des armes. Le mot « virilité » n'a pas traversé les siècles pour rien. Il contient toujours des potentialités endormies. À nous de les réveiller !

Certains textes nous y aident puissamment. Écrits par Ovide ou plus près de nous Simone de Beauvoir, ils expriment un amour charnel de la vie qui vient compléter l'intelligence et le courage politique. Écoutons ces deux penseurs : curieux des surprises de la vie, ils nous aident à considérer autrement les relations humaines, à les observer sous un autre angle, et à nous poser de bonnes questions.

Celle-ci par exemple, très présente dans la société du spectacle planétaire dans laquelle nous vivons : comment, notamment pour une femme, concilier la représentation de son être physique et érotique, sans perdre son pouvoir de parole ou sa liberté de penser ?

Dans le monde antique, c'était pratique, la répartition se faisait clairement entre les hommes qui possédaient une dignité virile (même nus !) et les femmes qui avaient de la « vénusté » : ce charme que leur transmettait Vénus, déesse de l'amour et de la séduction. Attention ! Dès cette affirmation bien connue, le rouleau compresseur idéologique est à l'œuvre. Il est faux d'affirmer que Vénus n'était qu'une déesse frivole. Lorsqu'elle est arrivée à Rome, très tôt, cinq siècles avant Jules César, elle incarnait au contraire une puissance civilisatrice qui avait bien d'autres enjeux que la seule séduction. Son message passait par le corps et l'amour, mais parce qu'ils étaient les piliers d'un élan vital, « viril », d'un courage devant la vie venant se rajouter à une appétence pour ses plaisirs. On a dit de cette Vénus originelle qu'elle était *verticordia* : elle « faisait tourner les cœurs ». C'était aussi les esprits qu'elle orientait ainsi : les uns vers les autres et tous ensemble, femmes comme hommes, êtres humains, en direction du monde.

À notre tour, allons voir du côté de cette Vénus-là. La compétence sémiologique que toute personne doit développer, pour résister aux si nombreux signes qu'elle reçoit dans notre société médiatique, pourra s'exercer alors pour recharger en vitalité un mot hérité, au lieu de le tuer. Nous verrons que la « virilité », imaginée par les Anciens comme une force capable de mettre fin au chaos, peut continuer à être pour nous aujourd'hui une énergie de régulation et de reliance.

I

De *L'Empire des sens* à la *cancel culture* : faut-il jeter la « virilité » à la poubelle ?

Comment partager un repas sans partager un débat ? Dans notre famille, cela est impossible. À table, les thématiques passent comme des plats plus ou moins épicés de mains en mains, arrosés de propos, pimentés de disputes. La conviction nous a été transmise que se forger un avis commence au biberon. Après les embrassades habituelles dans notre tribu du Sud-Ouest, les trois générations vérifient qu'elles sont bien présentes : née durant la guerre, née avec les Trente Glorieuses, née au tournant du XXIe siècle. Tous ces représentants d'opinions différentes s'en donnent à cœur joie. C'est *Droit de réponse* version 2021.

Assemblée nationale à nous seuls. Jeunes

contre vieux. Socialos contre écolos. Territoires contre Paris... Trottinettes contre Vaporettes... Méditation contre Running... Depuis quelque temps – ce qui ne nous était jamais arrivé –, les camps suivent une autre frontière: féministes contre virilistes, patriarcat contre matriarcat, *Female gaze* contre *Male gaze*, cisgenre contre post-genre... Cela crée de nouvelles fractures et de nouvelles alliances: front intergénérationnel de ma mère et de mes nièces, vent debout contre la « domination masculine ». Tandis que mon fils et ses cousins, auxquels s'allient leurs pères et leurs oncles réunis sous l'étendard des « tontons-flingueurs », revendiquent le droit « d'être un vrai mec sans se faire traiter de prédateur ». Entre les deux équipes frontalement opposées: ma sœur et moi, qui n'aurions pas pensé spontanément à ce match du fait de nos compagnons confortablement installés dans leur part féminine (passés maîtres dans l'art de s'en servir, nous l'avons tout de même remarqué).

Hier soir, autour de la table, les choses se sont radicalisées, et une autre fracture est apparue. Les *Fames* et les *Zomes* se sont fait face, mais aussi les néo-féministes et les féministes à l'ancienne, tant et si bien que j'ai fini par me faire traiter de « Catherine » en référence à la grande Deneuve, pour sa signature d'une tribune anti-MeToo, dont j'essayais de montrer que je ne l'aurais pas signée mais qu'elle disait toutefois quelque chose d'intéressant. Position complexe évidemment impossible à défendre !

Les mots ont volé et tout fait voler en éclats. La conversation s'est transformée en guerre des mots, la meilleure des choses devenant ainsi la pire à mes yeux (et à mes oreilles), puisque les garde-fous que sont l'humour, la sagesse, la provocation, la nuance, l'expérience, la fraîcheur tombent les uns après les autres. À un moment, on a frôlé la catastrophe, la tempête verbale a menacé de tout submerger. Notre joyeux désordre a été soudain remplacé par la galerie de personnages façon Netflix : nièce néo-féministe contre fils virilo-vintage, fashionata fâchée contre capitaliste viandard, crypto-intello contre néo-macho...

Ma faute ? Avoir dit, comme ça en passant, que je conseillais à tous de courir voir *L'Empire des sens*, une superbe exposition[1]. « Les peintures de Boucher sont merveilleuses, vous verrez. »

— Boucher comme un boucher ? a demandé

1. L'exposition *L'Empire des sens. De Boucher à Greuze* a eu lieu au Musée Cognac-Jay du 19 mai au 18 juillet 2021.

Théo, mon neveu de quinze ans. Ça doit être gore, avec du sang et des armes blanches…

— Non au contraire, dans ces tableaux du siècle des Lumières, il y a de la douceur, de la tendresse, de la beauté, de la relation, ai-je rétorqué.

— Quoi, cette expo ? m'a interrompue avec une vivacité inhabituelle, Violette, ma nièce de trente ans… J'ai vu l'affiche, c'est scandaleux, la fille a les fesses à l'air, c'est pas de la chair, c'est de la viande… Pire que sur un site porno…

— Ah, cette affiche-là ? l'a interrompue à son tour Vito mon fils, vingt-cinq ans. Pour une fois que j'avais envie d'aller voir une expo…

Solidaire, ma sœur est venue à mon secours :

— J'ai reconnu *L'Odalisque brune*, celle où Boucher a peint sa femme. Quel bel hommage…

— Vous rigolez, c'est la culture du viol ! a hurlé Léah, vingt-trois ans, immédiatement approuvée par Violette et ma mère, génération Planning familial, surnommée Gisèle Mimi.

Entendant le chant guerrier des amazones, les tontons-flingueurs ont alors confirmé que vu l'affiche – Léah l'avait googlisée et fait circuler –, ils iraient si l'Euro de foot leur en laissait le temps. Seul Théo, toujours soucieux d'apaiser les braises, m'a donné un élément d'explication :

— T'inquiète, c'est que Violette, genre, elle écoute trop *Les Couilles sur la table*.

Le match des féministes contre les masculinistes a été le métal inflammable de tout notre dîner. À son pic, après la deuxième bouteille de champagne, la foire d'empoigne battait son plein. On se serait crus chez Hanouna… Pour la première fois depuis que cette passionnante et vaillante génération dite des Z est née, je me suis sentie en danger d'être incomprise, assignée à résidence dans une culture obsolète, exilée « chez les vieilles qui sont dans les ambiguïtés de la drague et de la galanterie »…

J'étais pourtant bien d'accord avec les femmes de ma famille pour dénoncer l'utilisation du corps féminin à toutes les sauces mercantiles : publicité, mode, niaiseries hollywoodiennes. Léah défendait le droit de ne plus s'épiler, et d'ailleurs venait d'être acceptée en alternance dans une start-up de soins capillaires naturels – elle prévoyait de développer une gamme de teintures multicolores pour aisselles. « J'vais faire fortune avec ça, j'vous le dis… » Violette, attachée parlementaire, spécialisée dans les questions de santé, dénonçait – sous l'œil dubitatif de Clément son amoureux, la précarité menstruelle, l'injustice faite aux femmes obligés d'utiliser des tampons chers et toxiques.

Gisèle Mimi elle-même venait d'abandonner le parfum qu'elle portait depuis toujours – « et pourtant j'l'adiore » – à la vue du dernier film publicitaire qui montrait la fragrance luxueuse portée par des femmes parfaites et refaites. « À bas les diktats sur nos corps ! » ont-elles toutes clamé en chœur. « On a le droit de ne pas être des Vénus ! »

Eh bien justement, Vénus, n'était pas parfaite... Elle était mieux que ça. Et puis, elle n'était jamais nue, même déshabillée. Elle avait sa toge, ses voiles, sa ceinture, son bâton de myrte...

Les mots étaient sur la table. Posés en vrac et en colère. « Virilité », « violence », « victime », « vengeance », « virulence »... De ce magma explosif est sorti soudain un avis définitif : « La virilité c'est comme les bagnoles diesel : à la casse ! »

Voilà pourquoi, ce matin, dans le calme retrouvé, je veux déposer, au milieu des miettes de gâteau qui restent, mes miettes sémiologiques... N'ayant pas fermé l'œil de la nuit, j'éprouve un sentiment de rage contre moi-même pour avoir échoué à me faire comprendre. Ma position n'est pas confortable. Je me sens divisée entre deux idées.

La première est que l'Histoire a été racontée du point de vue masculin, laissant souvent les femmes dans l'ombre, ne leur donnant qu'un statut d'objet passif alors qu'elles ont de tout temps travaillé, pensé, combattu comme les hommes. Le langage porte la marque de cette injustice, et à mon échelle, artisanale, je compte bien participer à le remettre en cause.

Mais une seconde idée me tiraille : de plus en plus de voix cherchent à s'imposer dans notre société. Profitant de la rapidité des nouveaux médias, elles prétendent apporter des réponses à toutes sortes de questions : que manger ? Qui aimer ? Comment être soi ? Avec qui faire corps ? Quels mots employer ?... Bref, tout ce qui est « bon » et tout ce qui est « mauvais ».

Concernant la critique du sexisme, je veux sans aucun doute y participer, mais je désire tout autant défendre la culture européenne de la liberté des mœurs et la mixité qui va avec. À mes yeux, il n'est pas vrai qu'un tableau libertin du XVIIIe siècle dégrade les femmes même s'il les dénude... Le corps nu des femmes mais aussi des hommes constitue au contraire un socle culturel universel, une manière de célébrer la beauté[1].

1. Ce que prouvait l'exposition *Masculin/Masculin, l'homme nu dans l'art de 1800 à nos jours*, au Musée d'Orsay en 2014, reprise de *Näckte Männer*, au Leopold Museum de Vienne, en 2012.

Pas facile donc de poser le curseur au bon endroit. Pour me guider, j'ai en tête cette formule de Roland Barthes, qui vivait aussi en des temps très idéologiques : « Là où il y a du langage, il n'y a pas de vérité. » Cela ne veut pas dire que tout est faux, mais que tout est imaginé, raconté, interprété par les mots, mis en images. Cela rend passionnante l'observation de cette matière, de tous ces langages, dans le but d'en débusquer les éventuelles mauvaises intentions. Si vous partagez ce désir, plongeons ensemble dans la pulpe des mots. Nous verrons bien ce qu'ils ont à nous offrir et ce qu'ils cherchent à nous imposer.

2

La virilité n'est pas le virilisme

Notre bataille de mots s'est amorcée durant le bien nommé apéro (*aperio: « j'ouvre »*, en latin) permettant aux grandes gueules et aux petites de s'ouvrir en grand pour libérer leur sens de la provocation, voire leur violence verbale, tenus en lisière durant la journée, et même durant ces derniers mois confinés.

L'un des tontons-flingueurs, histoire de faire hurler ceux qu'il appelle la « génération Harry Potter » et qui, selon lui, pensent que la vie est juste une partie de balais volants, a sorti une phrase à la CNews dans laquelle la guerre des sexes était censée avoir remplacé la vraie lutte politique... Léah lui a vertement cloué le bec:

— Amen, a-t-elle dit sans aménité. Et vive

le grand militant, passé sans problème en trente ans du communisme au macronisme !

— Tu admettras ma fille, que c'est quand même mieux que de passer du nombrilisme à l'abstentionnisme, comme tous ces 18-30 ans qui sont plus préoccupés de montrer leurs maquillages sur TikTok que leurs engagements…

— OK boomer, mais les jeunes au moins ils sont pour l'anti-racisme, l'anti-sexisme, l'anti-capitalisme, l'anti-colonialisme, l'anti-extractivisme…

Dans ce genre de circonstances, commençons par nous amuser à compter les mots. Populisme, néo-libéralisme, jeunisme, anti-jeunisme, complotisme, révisionnisme, révolutionisme, ça fait beaucoup de *isme*s, non ? Ces faux concepts explosent ces temps-ci… Au cours de cette première joute, je ne sais plus lequel d'entre nous a raconté avoir entendu, à la radio, l'écologiste Eric Piole employer le terme de « croissantisme » pour fustiger la religion de la croissance. À quand les « bolsdecéréalistes » ou les « tartinistes » ? À l'unisson des bulles de champagne dans nos verres, nos propres mots faussement conceptuels n'ont fait qu'indiquer, comme des panneaux signalétiques, notre âge ou nos centres d'intérêt : permaculturisme, néo-rousseauisme, indigiénisme, universalisme, golfisme, yogisme… Féminisme fut un de ceux-là.

Nathalie Sarraute, écrivain majeur du XXe siècle, se moquait de l'idéologie de son époque marquée par le structuralisme, le freudisme, l'intellectualisme… Dans sa pièce *Isma ou ce qui s'appelle rien*, publiée en 1970, le *isme* devenait le détail snob qui finissait chaque mot et arrêtait toute pensée. Un label. Un drapeau. Par la suite, dans les années 1980 et 1990, les *ismes* ont disparu comme des dinosaures. Gaullisme, mendésisme, socialisme, conservatisme… Notre dispute de comptoir d'hier me fait penser ce matin qu'ils sont revenus. De tels termes, riches d'imagerie et vides de contenu – définition possible de l'idéologie –, dressent aujourd'hui devant nous toute une forêt de sens uniques. Sur le boulevard de l'écologie, l'anti-anthropocentrisme part en guerre contre l'anthropocène. Avenue des sciences sociales, les fourches sont brandies contre le néo-libéralisme, nouvelle bête du Gévaudan. Sur la place « vivantiste », l'anti-humanisme pointe derrière l'amour des oiseaux, des loups, et même des bactéries…

Hier, au moment de l'entrée – huîtres contre tomates-cerises –, les néo-féministes ont fustigé l'éternel virilisme.

— Poutine, Bolsonaro ou Zemmour par exemple, t'es quand même d'accord pour dire qu'ils sont sexistes, anti-féministes, masculinistes, suprémacistes… Et donc que les virilistes conduisent le monde.

J'en suis d'autant plus d'accord que le virilisme est une maladie ! Le paradoxe est qu'elle s'est longtemps appliquée aux femmes, inventée par des médecins du XIXe siècle qui les triaient comme du bétail. D'un côté les hystériques : beaucoup trop d'hormones femelles. De l'autre les virilistes : celles au contraire qui n'en avaient pas assez, et présentaient des caractères mâles. Pilosité, gravité de la voix, absence de vrais seins, c'est ça le virilisme : un trop-plein de symptômes !

— Ah ! Tu me fais penser à ce fou, là, ce trumpiste qui a envahi le Capitole à Washington, avec sa peau de bête et son chapeau à la Davy Crockett. Comment il s'appelle déjà ?

Vito, apprenti acteur, devant ce personnage qui lui rappelle De Niro dans *Taxi Driver*, nous a appris que Jack Angeli est un membre de QAnon, ce mouvement complotiste et antisémite qui a fait parler de lui le 6 janvier 2021.

— Mais Vit', pourquoi il a cette peau de bison sur la tête ?

— Parce que les mecs comme toi ou moi, Théo, sont trop féminins à son goût. Trop bien fringués, trop propres. Pour lui, tous les vrais hommes doivent redevenir des chasseurs trappeurs ! En plus, Angeli pratique le « wottanisme » : le culte d'un dieu celte, le dieu de l'énergie mâle…

— Moi, quand je l'ai vu, j'ai trop cru que c'était Drogo, le mari de Daenerys…

— Tu mélanges CNN avec *Game of Thrones*…

— D'autant que, dans la série, il la viole quand même dans la saison une…

— Après, c'est quand même une belle histoire d'amour entre eux…

Force est de reconnaître qu'en saison 2021, on est encore loin de l'histoire d'amour apaisée entre le masculin et le féminin… La violence a plutôt l'air de se porter bien, comme si le « processus de civilisation » qui nous avait sauvés au XIIe siècle[1] était en pleine régression au XXIe. Viols, tortures, féminicides, c'est une impression ou cette barbarie sexiste augmente ?

Après ce détour par le celtisme hollywoodien, utilisé en son temps par le nazisme et aujourd'hui par toutes sortes de jeux vidéo, le

1. Norbert Elias, *La Civilisation des mœurs*, 1939, trad. fr. 1973, rééd. Calmann-Lévy, coll. « Liberté de l'esprit », 1991.

« wottanisme-virilisme » a fini par ramener la conversation vers l'abstentionnisme des dernières élections régionales en France.

— Vous avez vu que Le Pen, le père, a dit une fois de plus que la société française « n'était pas assez virile ». Il a employé le mot. Il l'a sali. C'est qu'avec ces gens-là, il faut toujours remettre du redressement dans le pays, du phallocratisme !

— Du phallo… quoi ?

Il fut un temps où le « phallus » était partout, les intellos n'avaient que ça à la bouche. C'est curieux, aujourd'hui, ce concept a disparu alors que de plus en plus de gens sont phalliques… Laissons de côté pour l'instant ce paradoxe, l'important est de bien comprendre que le virilisme n'est pas une fatalité : c'est un dérèglement. Un excès. Un trop-plein. Notre société publicitaire et médiatique produit en masse des signes phalliques et les propulse en désordre pour influencer, impressionner, faire peur, fasciner…

— Bon, tu nous expliqueras ça un de ces jours… Pour le moment, j'ai trop la dalle… À table !

C'est à partir de cet instant que j'ai boudé comme une ado : le virilisme n'est pas la virilité ! Lui est bestial et régressif. Elle, c'est tout le contraire.

3

« Liberté, virilité, maturité »

Pour commencer, il faut remonter la piste du *Vir*. Le *vir*? « L'homme » en latin, celui qui donne « viril » et « virilité ». Il est courant de dire que *vir* signifie « homme », mais « homme » vient de *homo*, comme « femme » vient de *femina*. Bizarre, bizarre… Il faudra y revenir. Il y avait aussi un adverbe : *viriliter*, ce qui voulait dire « avec vaillance et vitalité ». *Viriliter* ne s'appliquait pas qu'aux hommes, loin de là ! Un vent pouvait souffler de manière virile. Une fleur aussi.

— Bon là, tu nous as déjà perdues… On te love, mais on s'en bat l'clito de ton étymo ! Nous, on te dit, que maintenant, en 2021, il faut foutre la virilité à la casse !

Sachez alors que vous risquez de vous priver de cette *breaking news* : vous êtes viriles sans le savoir ! Aussi légitimement que les mâles qui vous entourent ! Et peut-être avec plus d'intensité encore ! Qu'ils aient plus de cinquante ans ou non…

À ce propos, il faut savoir – et c'est crucial – que la « virilité » est justement une question d'âge. C'est un seuil qu'il faut avoir le courage de franchir. J'espère que vous comprenez mieux ainsi à quel point le mot s'est dévoyé ! Non seulement il était loin de s'appliquer aux hommes uniquement, mais encore il indiquait bien davantage un moment de la vie qu'un sexe ou un genre. Madonna – oui, je sais, elle est antique – disait qu'il est faux de croire que l'humanité se divise en hommes et femmes. Qu'il s'agit plutôt de distinguer ceux qui aiment le sexe et les autres. Sur ce modèle, on peut penser qu'il y a désormais d'un côté les genrés et de l'autre les post-gender. Pour ma part, je constate souvent qu'il y a les puérils d'un côté, et de l'autre, les virils – hommes et femmes confondus.

Pour bien prendre la mesure de ce classement, il faut faire un stop à Rome. Allons sur le forum. Nos ancêtres les Romains ne pouvaient y accéder qu'à partir de dix-sept ans : au moment où ils cessaient d'être des enfants, des *pueri,* des êtres puérils. Ils devenaient citoyens, gagnant le droit d'aller s'exprimer sur la place publique. La virilité était le contraire de l'infantilisme et de l'esclavagisme.

Le meilleur exemple de la difficulté de ce passage est Narcisse. Il incarne l'échec à franchir ce cap. Il a seize ans pour l'éternité. Bel ado farouche, c'est un jeune chasseur, très sportif. La nymphe Écho l'épie, cachée dans les feuillages. Elle aimerait qu'il soit son premier homme. Virile, elle est pleine d'audace et d'appétit de vie. Un soir, alors qu'il vient boire à la source au milieu de la forêt, avec ses chiens et ses faons, elle lui saute au cou. Il est choqué, il y a de quoi car il n'a pas donné son consentement. Narcisse se sent harcelé et s'enfuit à toutes jambes. Cet épisode narcissique nous dit bien que pour s'aimer sans se violenter, l'érotisme vaut d'être vécu, mais pas sans mode d'emploi.

Vous pensez probablement que le mythe de Narcisse, c'est l'histoire d'un type qui se regarde tellement le nombril qu'il tombe dans l'eau... Normal, c'est cela que l'on dit à l'école et même dans de nombreux livres ou magazines de psychologie... Mais, allez donc voir par vous-même au livre III, vers 338 à 511, des

Métamorphoses[1]. Vous constaterez que le mythe est raconté d'abord du point de vue féminin : l'erreur d'Écho. Ce n'est que dans le deuxième récit qu'on a le point de vue masculin : la faute de Narcisse. Or, pas de Narcisse sans Écho, il s'agit d'un mythe de couple ! Un couple raté, une première rencontre qui se passe très mal, mais le message d'Ovide est là. Pour lui, ni ce jeune homme tourné sur lui-même ni cette jeune fille qui se contente de répéter ce que les autres disent (« elle fait écho ») n'ont la maturité suffisante pour aller l'un vers l'autre.

La virilité, pour Ovide, c'est donc la capacité d'éviter deux choses : sauter sur tout ce qui bouge et refuser tout contact, rester dans le virtuel. Pour réussir cela, il faut cesser de faire l'enfant, arrêter de se comporter comme un être qui ne pense qu'avec son ventre ou son bas-ventre. Vous me direz que beaucoup de gens sont immatures à biberonner toute la journée de la nourriture, de l'alcool, des drogues, des anxiolytiques, des séries TV, du sexe brut… Oui, c'est vrai, la puérilité est aussi répandue dans le monde actuel que le Covid-19. Je ne le conteste pas. Grand mal du siècle !

1. Ovide, *Les Métamorphoses*, Folio classique.

J'imagine bien, à cet instant, un membre de ma famille me faire remarquer entre deux bouchées qu'il suffirait de rétablir les rites de passage qui ont été supprimés par la modernité. « J'aurais bien aimé faire mon service militaire », me dit parfois Vito... Vivre un grand moment d'initiation. Les jeunes hommes actuels en rêvent par exemple à travers le sport, apprentissage gradué s'il en est. Pour certains d'entre eux, cela se passe de manière plus problématique à travers leur fascination pour le complotisme et certains réseaux.

Dans le monde romain, passer à l'âge viril était une grande fête, comme la communion ou la bar-mitsva. Monter au forum ou lire pour la première fois la Thora, c'est à peu près la même chose. Jusqu'à ce grand jour, le garçon porte une toge blanche comme la neige et comme sa propre virginité. C'est la toge « prétexte », avec le « pré » comme dans « prépa »: le tissu comporte une bande rouge en bas pour symboliser tous les interdits qui restent à franchir. Quand son père, un oncle, un prêtre l'aide à mettre une toge, cette fois totalement blanche, d'un beau blanc coquille d'œuf, on lui indique qu'il devient adulte, qu'un jour il fécondera des œufs, qu'il deviendra père. Cette toge s'appelle la « toge virile ». Avec elle, il y a de la fertilité et de la responsabilité dans l'air. De l'humanité aussi : aucun animal n'a jamais été qualifié de « viril ».

4

Le vrai sens de *virago*

J'entends d'ici ta remarque, Violette : « Aucune femme n'a jamais revêtu la toge virile ! » Sur ce point, j'ai la conviction que trop peu de recherches ont encore été menées et que, dans quelques années, nous apprendrons que certaines femmes romaines avaient gagné ce droit d'être qualifiées de « viriles ». L'*Histoire de la virilité*[1] – trois tomes bien fournis – l'indique déjà. Ces femmes romaines avaient plus de pouvoir que dans le monde grec très *men only*[2]. Pleines de *dignitas*, c'est-à-dire de dignité, elles

1. *Histoire de la virilité*, sous la direction d'Alain Corbin, Jean-Jacques Courtine, Georges Vigarello, Le Seuil, 2011. Notamment l'article de Jean-Paul Thuillier : « Virilités romaines, *vir, virilitas, virtus* ».

2. Cf. Nicole Loraux, *Les Expériences de Tirésias – Le féminin et l'homme grec*, NRF Essais, Gallimard, 1989.

constituent les grandes ancêtres des dirigeantes actuelles qui n'ont pas eu besoin de se masculiniser pour arriver au pouvoir : Jacinda Ardern en Nouvelle-Zélande, Katrin Jakobsdottir en Islande, Ursula von der Leyen à la présidence de la Commission européenne, Kamala Harris aux États-Unis…

Je partage avec vous une anecdote que j'aime beaucoup à ce sujet. Un jour, ces femmes viriles de l'Antiquité sont descendues dans la rue. Elles protestaient contre un projet de loi voulant réquisitionner leurs bijoux pour financer la guerre. L'action se passe en 215 avant Jésus-Christ, au début d'un conflit qui a duré plus d'un siècle entre Rome et ce qui est aujourd'hui la Tunisie. Une guerre de rivalité destructrice. Une catastrophe de l'Histoire. Ce jour-là, l'amour de la vie a gagné sur l'amour de la mort. Les patriciennes romaines ont si bien manifesté pour leur droit de conserver leurs ors, leurs perles, leurs belles étoffes que la loi n'est pas passée. Elles ont exprimé une énergie assez puissante pour vaincre – au moins durant vingt-quatre heures – la sanguinaire envie de se battre. J'y ai repensé récemment quand j'ai entendu, justement dans *Les Couilles sur la table*, la sociologue Marie-Cécile Naves définir le féminisme comme la recherche d'un exercice non belliciste du pouvoir.

Les avancées sont lentes, c'est vrai, et je comprends que l'on veuille parfois donner un coup d'accélérateur, mais gardons ceci en tête : ces femmes puissantes, ces *dominae* peuvent encore nous inspirer. On les qualifiaient de viriles, *virae*, preuve qu'elles incarnaient au féminin la qualité du *vir*, de l'homme libre. Même si elles ne pouvaient pas voter officiellement, elles montraient éthique, dignité, courage – *virtus* en latin –, et étaient reconnues pour cela.

Hier soir, à sa façon, le petit mot *vir* s'est invité dans notre dîner quand j'ai apporté sur la table notre plat de résistance, la première pipérade de l'été qui accompagnait de manière incongrue le tagine de crevettes de ma sœur.

— Attention ! a averti Gisèle Mimi, les piments sont virils cette année ! Ils ont de la vertu.

Et nous avons tous compris qu'ils étaient forts, risquant de rendre notre plat un peu trop épicé.

— Dans ta liste des mots composés sur *vir*, rajoute donc les « viragos », si tu veux être juste, a ironisé un tonton flingueur, créant une nouvelle sortie de route générale.

— C'est ça, vas-y, de toute façon, dès qu'une femme défend ses idées, elle est traitée de mégère…

— Virago, hystéro, ça se ressemble, non? Mais qu'est-ce qu'elles veulent, ces néo-féministes? Faire de nous des castrats?…

— Moi, j'dis que quand les hommes sont castrés, les femmes sont les premières victimes. Pourtant le nombre d'hommes sans couilles, c'est vertigineux…

Si j'avais eu ne serait-ce que quelques secondes d'espace sonore, j'aurais aimé donner le vrai sens de « virago ». Un sens très neutre. J'agis (*ago*), en tant que *vir*: en tant qu'être mature, libre et responsable. Certes, au fil du temps, la virago est devenue une femme viriliste, qui gueule plus fort que les autres, mais au départ, sa puissance est bienveillante et fertile.

Aujourd'hui, quand on pense à la virago, on voit – dans les séries en particulier – des amazones, des combattantes, des destructrices. Diane, et même Artémis sont des prénoms donnés aux nouvelles-nées depuis quelque temps. Les jeunes mères veulent armer leurs filles. L'autre modèle de virago est Minerve. Elle est la déesse romaine de la Justice, équivalent d'Athéna qui fait régner l'ordre à Athènes.

Comme elle, Minerve est intelligente, raisonnable. Elle permet la concorde – le vivre-ensemble de tous – et assure la paix. Son animal fétiche est la chouette. Si j'avais pu dire cela hier soir, je suis certaine que Violette ou Léah aurait fait remarquer que la chouette est aussi l'oiseau d'*Harry Potter*. J.K. Rowling a de plus nommé la future directrice de Poudlard Minerva. Par ce clin d'œil, elle rappelle aux hommes qu'être viril, ce n'est pas tout détruire mais c'est tout comprendre. Savoir raisonner et s'éduquer. Même si on ne sort pas de Poudlard.

5

Vénus, première non binaire de l'Histoire

Le niveau d'éducation des femmes n'a jamais été aussi élevé. Cela est évidemment très positif. Mais cela peut leur faire courir le risque de les enfermer dans le pur esprit, la seule raison. Tout se passe un peu comme si un nouveau dualisme les menaçait. Elles qui ont longtemps été confinées dans le corps (sexe ou maternité), elles sont aujourd'hui sommées d'être soit très raisonnables, soit très guerrières. Au risque d'oublier leur dimension charnelle. Avec sa part d'insouciance. Ce n'est pas par hasard qu'hier, lorsque notre discussion s'est enflammée à propos de l'instrumentalisation du corps des femmes, Vénus est revenue sur le tapis ! Peu aimée des femmes féministes aujourd'hui car considérée comme aliénée au désir masculin. Les femmes ont bien raison de déplorer ce diktat

« vénusiste ». Tant de chanteuses, d'actrices, de sportives et parfois même d'écrivaines essaient de l'imiter en sculptant leur corps et en l'exhibant. Mais Vénus n'est pas le genre à se soumettre aux diktats ! Bien au contraire !

Il y a en tout cas une Vénus à redécouvrir, à l'opposé de la « perfection au féminin » que des images photoshoppées nous distillent toute la journée. Il ne faut pas la chercher sur les écrans, cette femme puissante. Non. Pour la voir, il faut quitter les sentiers battus, rejeter tous les clichés habituels. C'est dans l'ombre de l'Histoire, dans le secret des mémoires, que se trouve cette alliée. Partons à la rencontre de celle qui est supposée être la Femme avec un grand F, alors qu'en fait, elle est la femme la plus virile du monde !

J'ai compris que c'était ce fantastique paradoxe que je devais mettre au jour comme si j'étais une archéologue, lorsque, après la mise en accusation des Vénus publicitaires, Violette nous a annoncé qu'elle se reconvertissait dans les biotechs. « Un effet secondaire du vaccin ? » a plaisanté le tonton-flingueur toujours prêt à détendre l'atmosphère et ne contribuant qu'à faire repartir quelques instants la guerre des pro et des anti-vax. Mais c'était tout autre chose qui était apporté sur la table par ce détour scientifique :

— Il y a moins de différence entre un *male gender* et une *female gender* qu'entre le singe et l'homo sapiens… Sachez qu'on est donc tous non binaires.

J'ai saisi la balle au bond, tout en essayant de lui donner un petit effet lifté pour faire rebondir la discussion :

— Parfaitement, nous sommes tous non binaires : à commencer par Vénus !

Imaginer Vénus hésitant entre le masculin et le féminin, évidemment cela paraît difficile… Surtout depuis que les peintres de la Renaissance l'ont représentée, nue, lascive, posée au creux d'un gazon béni. Des roses lui composent une couronne odorante, des colombes viennent lui roucouler à l'oreille. Souvent elle regarde si elle est toujours aussi belle en ce miroir et se préoccupe de sa chevelure de vagues blondes qui la relient à l'eau. Un doux zéphyr fait onduler ses voiles, elle songe à la douceur d'aller là-bas vivre ensemble… Aucun poète n'a échappé à son charme. Même Rimbaud, qui a voulu la ridiculiser en faisant rimer son nom avec *anus*[1].

1. Arthur Rimbaud, « Venus anadyomène », *Œuvres complètes*, sous la direction d'Antoine Adam, Paris, Gallimard, « La Pléiade », 1972. Remarque : Rimbaud ne met pas d'accent à Vénus, comme s'il écrivait en latin.

Il faut dire que le XIXe siècle a achevé de la trahir en l'enfermant dans le kitsch. Si vous voulez ignorer à jamais qui est Vénus, courez au musée d'Orsay voir celle qu'a peinte Alexandre Cabanel en 1863. Il a osé titrer son tableau *La Naissance de Vénus*, comme celle de Botticelli, alors que la sienne est affalée sur sa coquille comme sur un sofa. Les virilistes du XIXe siècle, qu'ils soient militaires, médecins hystérophobes ou encore peintres bourgeois, aimaient Vénus silencieuse et heureuse après l'amour, yeux clos sur le plaisir qu'ils lui ont donné. Comment mieux essayer de nous faire croire que la femme, la vraie, est celle qui s'abandonne ? Qu'elle est cet être castré qui renonce à tout désir d'agir ? Une anti-virago.

Il y a urgence à gratter toutes ces croûtes ! La *vigilance woke* avait raison lorsqu'elle a émergé, même si elle s'est perdue depuis : il faut sur certaines choses se maintenir en éveil, les yeux grands ouverts. Ne nous laissons par endormir par le cliché de « l'éternel féminin » imaginé par les hommes. Au fil des siècles, il a recouvert la vraie nature de Vénus, par des strates de plus en plus épaisses.

Pour dégager la force originelle de la déesse *vira*, virile, il va falloir faire des fouilles. En

Italie, dans des zones campagnardes qui ont été étrusques ou dans les Pouilles qui ont été orientales, se trouvent encore des traces de cette Vénus primitive. Les peintres la connaissaient. Titien, en particulier, dans les années 1530. Il a représenté la belle, très incarnée, plus du tout un monument, presque nue sur son lit et nous regardant avec aplomb. Sa Vénus, dite d'Urbin, n'a rien d'une femme-objet. Googlisez-la, vous verrez. C'est d'ailleurs bien pour cette raison que Manet la reprendra presque à l'identique des siècles plus tard. Son *Olympia* lutte contre la pudibonderie du XIXe siècle et son refus de l'érotisme, de la liberté des corps. Elle reprend la pose antique et renaissante, mi-allongée, et de même nous fixe de ses yeux noirs perçants. Elle nous confirme que l'on peut se tenir symboliquement debout devant la vie en étant presque allongée[1].

Cette Vénus des peintres correspond parfaitement aux découvertes de Robert Schilling, spécialiste de l'Antiquité romaine *geek* du latin. Il parle du charme (*carmen* en latin) de la déesse, et cela ne veut pas dire qu'elle est jolie, cool, sexy. Cela veut dire qu'elle a un fluide très

1. Daniel Arasse, « La femme dans le coffre », in *On n'y voit rien. Descriptions*, Folio essais.

puissant. *Carmen* est un mot doté d'un pouvoir magique. Ce pouvoir dit : « Prends garde à toi », si la déesse, grande patronne de la cité, voit que tu fais violence à une femme, que tu blesses l'éros, que tu refuses le désir, elle te punira. C'est ce qu'explique en substance son livre *La Religion romaine de Vénus*[1] qui a influencé de nombreux historiens par la suite.

Sa découverte principale est passée inaperçue en dehors de ce cercle de spécialistes. Pourtant, elle est fondamentale, en particulier pour les femmes. Un jour, ce Champollion du langage est tombé sur un trésor. Il n'en croit pas ses yeux : le mot « vénus », avant d'être un nom propre, est un nom commun !

Autre manière de se formuler le fameux « en avoir ou pas »… La question était de posséder ou non LE « vénus », d'en sentir l'énergie dans son corps. La pulsion de vie, l'envie de perpétuer l'espèce, de gagner la bataille… Il existait alors, dans la représentation médicale et symbolique de l'humain, trois grandes énergies : l'Opus qui évoquait l'énergie du travail et de l'action. Le Génus, celle de la transcendance. Le Vénus était

1. Robert Schilling, *La Religion romaine de Vénus depuis les origines jusqu'au temps d'Auguste*, De Boccard, 1954, rééd. 1982 et 2003.

l'énergie qui donnait envie de vivre et de faire des rencontres.

Approbation que j'imagine générale à la fausse question de celui des tontons-flingueurs, un vieil ami de la famille, qui est resté fan de *Stars Wars* :

— Ton « vénus », là, ce ne serait pas un peu *The Force* ?

— Oui, d'une certaine manière puisque THE « vénus » circule dans les corps sans considération de sexe.

En français, quand on dit LE « vénus », l'article a l'air d'être masculin, mais en fait il est neutre. *Genderless*. Sa forme est une trace du troisième genre qui existait en latin et que le français malheureusement a perdu presque entièrement. Dans le monde romain du quatrième siècle avant Jésus-Christ, jusqu'au premier, *Venus's venus* était réclamé aussi bien par les femmes que par les hommes. Et bien sûr, par les bi comme Jules César…

Amoureux transi de Vénus, Robert Schilling nous explique que cette divinité primordiale ne sort pas du tout de l'eau mais du langage ! Sortir de l'eau en s'érigeant sur sa coquille, c'est bon pour Aphrodite, dont le nom vient de l'écume, *aphros* en grec. Dans tous ses articles et ses livres, notre érudit s'est dressé contre cet amalgame. Non seulement Vénus était là bien avant Aphrodite, nous dit-il, mais encore elle n'avait pas besoin de se tenir « phalliquement » debout pour être souveraine.

L'une des conséquences majeures de la découverte de Schilling sur le « vénus » était que la déesse était arrivée dans le Panthéon romain dans le but de personnifier une magnifique énergie qui circulait d'elle vers les humains sans distinction de genre. Elle avait elle-même prêté son visage et son corps – et quel corps ! Et quel visage ! Elle était l'incarnation d'un concept. L'incarnation féminine d'une idée générale.

Le latiniste l'avait compris en déchiffrant des inscriptions votiques, disons des « tags », sur des pierres où l'on fait brûler des parfums, et en observant de près des « mont-de-vénus », des petits temples dédiés à la déesse construits à côté de chaque maison. Il est donc certain qu'une dévotion bien spécifique avait été faite à la déesse, entre le Vᵉ et le Iᵉʳ siècle avant Jésus-Christ, dans cette région européenne qui est notre berceau. Vénus y est la représentation primitive du vivre – et du vivre-ensemble politique. Nous en sommes les héritiers. Avec elle, nous ne sommes pas sur l'Olympe. Nous sommes dans la cité, chez nous, entre humains, entre *viri* protégés par une *vira dea*.

Lors de la fameuse scène où elle est surprise au lit avec Mars, elle montre d'ailleurs toute son humanité. Elle tente de cacher sa nudité aux regards obscènes des dieux qui se moquent, façon *sextape*. Le sexe, l'érotisme, ils connaissent mal et préfèrent en rire, surtout ceux qui violent comme ils respirent. Contre ces rires gras qui dégradent la beauté de la rencontre sensuelle, Vénus tente de ramener le drap sur son corps ouvert. Elle a les larmes aux yeux, toute déesse qu'elle est, car elle vient de s'abandonner en confiance, et elle se sent trahie. Pour cette raison, elle sera qualifiée de *pudica*, réfrénant ses pulsions.

De nombreuses formules magico-religieuses illustrent cette proximité entre Vénus et les êtres humains. Un lien réciproque entre la divinité et ses adeptes s'est créé à travers une circularité des termes. Je veux avoir un peu de ton « vénus », déesse, toi qui vénères la vie. Permets-moi d'être debout devant elle, comme toi qui garde, même quand tu es couchée, les yeux grands ouverts, sans peur, droite dans tes désirs. Donne-moi un peu de ton charme, de ton fluide, de ton éclat, toi qui es plus belle encore que la lumière du soleil… Je t'offre des roses, je fais brûler du myrte afin que tu tournes ton visage vers moi, toi qui sais faire si bien tourner les cœurs. Je dépose à tes pieds des petits pains en forme de phallus pour que tu me protèges et m'orientes vers le monde, vers les autres. Tu me protégeras s'ils me veulent du mal. Et aussi s'ils m'attirent…

6

Vénus victorieuse

Vénus bénéficie donc d'une neutralité énergétique, au-dessus des luttes guerrières et autres manifestations virilistes. Son énergie vitale est très proche des grandes énergies venues des cultures asiatiques et redécouvertes aujourd'hui par l'Occident : le *qi* – souffle, flux d'énergie naturelle – dans la philosophie et la médecine chinoises, ou le *prana* – souffle, principe vital du souffle – dont parle le yoga.

Robert Schilling nous raconte en quoi cette Vénus capable de réguler l'énergie de la société concernait d'abord la vie sociale avant de concerner la vie intime. C'était toute la « cité » romaine qui devait vivre selon sa loi. En étudiant les calendriers romains, il a constaté que la déesse était toujours associée à des grandes dates : des commencements prometteurs. Le vendredi, littéralement *dies venere*, est le jour de prières et de plaisirs consacré à Vénus. De même, le mois d'avril lui était consacré, l'année commençant en ce temps-là le 25 mars, elle était donc synonyme de renaissance de la nature, de printemps. Elle permettait au corps social de se régénérer.

Notre savant vénusien était probablement agacé par une chose : pourquoi relie-t-on systématiquement Vénus à Mars comme s'ils formaient un couple de *people* ? Unis par une complémentarité de façade. À lui l'énergie de la bataille, à elle le repos et la lascivité… Belle idée de marketing que ce couple de parfaits opposés, comme le prouve le succès incessant depuis trente ans du best-seller américain *Les hommes viennent de Mars et les femmes de Vénus*.

Durant notre dîner, justement, l'un des tontons-flingueurs, très au fait des thèmes à la mode – changement climatique, médecine génique, révolution du genre –, a défendu l'ouvrage de John Gray. Contre Violette qui voulait en brûler l'auteur :

— Y a des moments où la violence est nécessaire !

Lui y voyait un retour bien pratique à l'ordre ancien. À la fin du Moyen Âge, cela arrangeait déjà tout le monde ! Et surtout les chrétiens qui voulaient que l'amour soit la sublimation suprême, un au-delà du corps… Mais cette dualité relève de la croyance, elle est idéologique. Dans l'Antiquité profonde, pas celle qui a été reconstruite, Mars n'a qu'une brève aventure avec Vénus et c'est Athéna qui prend le pouvoir sur lui. La violence brute du dieu de la guerre est vaincue par l'intelligence de la déesse : contre sa *furor*, elle possède la *mètis*, cette intelligence qu'elle donne par exemple à Ulysse. L'intelligence humaine. Devant celle-ci, Mars reste bestial, il est l'éternel bas-du-casque, le bourrin, celui qui tire son javelot avant de réfléchir.

Vénus a une autre tactique. Elle oblige Mars à préférer l'amour à la guerre. Elle veut qu'il mette son énergie au service d'autres causes. Alors qu'il était du côté de la destruction, il va réorienter ses forces du côté de la pulsion de vie. Il est ainsi passé de Thanatos à Éros, du conflit aux jeux de l'amour et du hasard.

Comment cela a-t-il pu se faire ? Comment Vénus a-t-elle réussi à détourner Mars de ses forces noires ? Chacun sait combien il est difficile de sortir quelqu'un des ténèbres que peuvent être la dépression, la destruction, l'addiction… Pour comprendre l'exploit, il faut savoir que Vénus vient d'un verbe très fort : *veneror* (« vénérer »)[1].

Robert Schilling a beaucoup réfléchi à ce verbe, il l'a étudié dans toutes ses occurrences. Il s'agit d'un terme très ancien, porteur d'un désir anthropologique fondamental, très éloigné de son acceptation actuelle. Aujourd'hui, « vénérer » signifie éprouver un vif attachement respectueux pour quelqu'un ou quelque chose, c'est un processus mental. À l'origine, « vénérer » renvoyait à une action à la fois psychique et physique. Comme *volo* (« vouloir »), mais de manière plus intense, *veneror* désignait une volonté humaine doublée d'une dimension magique. Vouloir si fort que quelque chose d'heureux nous arrive, que la chose arrive. Et avec autant d'intensité, vouloir que « quelque chose n'arrive pas ».

Si *veneror* veut dire « vénérer la vie et désirer ardemment qu'elle se poursuive » cela donne au concept un sens tout neuf. Rutilant en quelque sorte. Robert Schilling a abondé dans ce sens. Sans religiosité ni pudibonderie ! N'oubliez pas que cette Vénus primitive s'appelait aussi *Fortuna virilis*... À la bonne fortune de la virilité !

Je comprends mieux, maintenant, pourquoi

1. Giuliana Borghesani, *Afrodite-Venere*, Dielle Editore, 2018.

Schilling est parti en guerre contre le stéréotype d'une Vénus de l'amour, des petites fleurs et des petits oiseaux. Simple et étroite incarnation de « l'éternel féminin », romantisme de comédie. Celle que le grand érudit connaît et qu'il s'attache à nous faire découvrir est porteuse d'une puissance bien plus tellurique ! Et bien plus originale pour les femmes. Elle les délivre du choix binaire entre la puissance guerrière – Vénus laisse cela à Artémis-Diane la chasseresse – et la puissance cérébrale – Vénus laisse cela à Athéna-Minerve, la raisonnable. Sa puissance à elle est une puissance de vie, unique, victorieuse et joyeuse. En un mot, vénusienne.

D'ailleurs, savez-vous ce que criait Jules César quand il partait au combat ? Il ne hurlait pas *America is back !* ni *Montjoie !* ni *Vive la grande Russie !* Non, non, son cri était : *Vénus Victrix !* (« Vénus Victoire ! ») Galvanisés par ses paroles, les hommes de son armée romaine, qui allaient à pied, étaient appelés les *viri* (les virils). On n'a jamais vu d'hommes plus reconnaissants à une femme que ceux-là. Ils savaient que leur puissance leur venait du « vénus » qu'ils portaient en eux. Et que c'était le fluide de leur patronne qui les faisait partir la fleur au javelot. Grâce à *vi tua*, ta force, ta virilité, Vénus.

7

Virilité et violence : proches et opposées

Pourquoi la virilité est-elle restée le signe distinctif du soldat romain ? Jusqu'à ce que les soldats accaparent ce terme, les *vires* désignaient les « forces » en général : celles du corps humain comme celles des éléments, les vents lors d'une tempête ou d'un printemps bourgeonnant, par exemple. Ces « forces » étaient souvent associées à des attributs masculins certes, mais une femme pouvait être une « force de la nature ». C'est la spécialisation du terme dans le domaine militaire qui a créé des connotations dont nous payons aujourd'hui encore les conséquences.

Ces conséquences sont de deux types : d'une part, les femmes ont été privées de l'énergie vénusienne naturelle et vitale. D'autre part, les hommes ont été contraints par le corps social à rendre leur masculinité conforme à l'idéal militaire. Inutile de remonter à Bourdieu et à *La Domination masculine* pour voir que beaucoup d'entre eux ont vécu cette virilité imposée comme un véritable corset. On ne naît pas viriliste, on le devient, et ça n'a pas l'air drôle. Après avoir cherché à l'exposer et à la surjouer, beaucoup s'y refusent et découvrent avec bonheur leur part féminine, et même maternelle.

Les attributs classiques du masculin ont déjà été profondément remis en cause dans la société occidentale par les mouvements libertaires des années 1970, anticapitalistes et anti-patriarcaux. Nous assistons pourtant aujourd'hui à leur retour en force. Les néo-masculinistes se portent bien. « Faites la guerre pas l'amour », semble être leur slogan. De nouveau, des murs s'érigent entre monde masculin et monde féminin. Si on élargit la focale, on voit bien que le 11 septembre 2001 a été le marqueur historique de cette *libido dominandi* (soif de pouvoir), loin de la *libido sexualis* des années 1970. Dans la consommation quotidienne, de nombreux signes et insignes montrent que l'identité masculine se cherche : casque devenu casquette, équipement du chevalier devenu équipement du sportif, robe du grand prêtre devenue look de l'influenceur médiatique, etc.

Au cœur de nos discussions familiales, ce n'est pas un hasard si la prise du Capitole américain a fait irruption. Il nous est unanimement apparu que ce 6 janvier 2021 a cristallisé un certain virilisme brutal latent. Parmi les porte-signes, le fameux Jack Angeli en chasseur-trappeur de western a été particulièrement signifiant, mais se trouvaient aussi dans la foule en colère, des confédérés esclavagistes qui semblaient sortir d'*Autant en emporte le vent*, des chevaliers brutaux échappés de *Game of Thrones*. Sans oublier cette Miss America tout droit sortie d'un jeu vidéo meurtrier, enroulée dans le drapeau étoilé et hurlant son droit à posséder une arme.

Il est vraiment étonnant de constater que l'autocratisme fascine toujours les foules. D'ailleurs, le verbe « fasciner » vient de *fascinum*, une amulette phallique que l'on portait dans l'Antiquité romaine pour se prémunir des mauvais sorts. Pascal Quignard a raconté comment « les Romains appelaient *fascinus* ce que les Grecs nommaient *phallos*[1]. De ces statuettes au sexe

1. Pascal Quignard, *Le Sexe et l'Effroi*, Folio.

masculin dressé, dérive le mot de fascination. Les *fascia* désignent le bandeau qui entourait les seins des femmes. Les *fascies* sont les faisceaux de soldats. » Chaque fois, faire corps ensemble donne un sentiment de puissance indépassable. Inoxydable. N'oublions pas que ce fagot de branches, puis ce faisceau de pièces de métal, levés en signe de puissance dans l'Italie antique puis dans celle de Mussolini, ce *fascio* qui a donné son nom au « fascisme » est réapparu dans certaines manifestations récentes. Ouvrons l'œil devant cela.

Malheureusement, la violence viriliste peut aussi s'exercer dans l'ombre et l'intimité. Les faits divers le prouvent trop souvent. Ainsi, Anaïs, la vingtaine, étudiante. Une soirée comme une autre. Son premier cachet d'ex-tasy, dix euros. Est-ce autre chose qu'on lui a vendu ? Après deux heures d'excitation, la fatigue la gagne brusquement. Elle s'allonge dans l'une des chambres du grand apparte-ment prêté pour la soirée. Une heure plus tard, ce n'est ni la musique, ni un rire, ni une parole hurlée qui la réveille. Tout se passe au contraire dans le silence épais de la pièce. Une sensa-tion étrangère au cœur de sa chair. Un bâton froid la fourrage. Le jeune homme a le même âge qu'elle. Il ne pensait pas à mal, dira-t-il plus tard. Lui-même entre charge et décharge. Pourquoi ce morceau de corps, gisant à son côté, lui a-t-il semblé une chose ? Une chose et non un objet-du-désir. Une chose à pénétrer. Sans réfléchir. Sans parler. Sans imaginer ce qu'il faisait. Anaïs, elle, s'est sentie coupable. En rapportant son viol a ses amies, elle a dit qu'« [elle avait] fait une bêtise ». L'éternelle faute féminine... Mais laquelle ? Avoir baissé la garde ? S'être abandonnée au sommeil ? Ne plus avoir été quelques instants une femme contemporaine qui gère, maîtrise, contrôle son corps vingt-quatre heures sur vingt-quatre ? La victoire des femmes, leur *Vénus Victrix*, doit porter avant tout sur la régulation de cette violence sexuelle. Sa persistance archaïque dans la modernité que nous vivons.

Les décisions factuelles à prendre sont connues. Sur un autre plan, le vocabulaire est également un enjeu majeur : en lui se trouve le socle des représentations collectives qui agissent sur les consciences individuelles. Prenons le mot « violence », si employé et si rarement dosé à bon escient : soit trop fort quand il est question d'un simple regard appuyé ; soit trop faible quand il s'agit de désigner ce que certains hommes, mus par une pulsion létale et brutale, font subir aux autres.

Tu m'as déjà fait remarquer, Violette, que *to rape* en anglais pour dire « viol » a quelque chose de juste, car il garde l'idée latine d'un enlèvement, d'un rapt. *Raptus* des Sabines, quand les hommes vont se fournir en femmes dans la tribu d'à côté, témoignage de toute une barbarie archaïque. *Raptus* d'Europe, jeune femme enlevée par Zeus transformé en taureau. Le viol est bien une tentative d'enlèvement d'une personne à l'Humanité. À l'humanité sacrée qu'elle porte en elle. Le mot « victime » contient cette dimension puisque construit sur *victimare*, signifiant « sacrifier, prendre quelque chose de sacré, pour l'offrir aux dieux ». J'y vois une bonne raison pour que ce terme reste spécifique et ne se galvaude pas. On est victime d'un viol mais pas d'un regard sexiste ou d'une remarque grossophobe…

D'ailleurs, en ancien français, le viol se nommait « violation » par analogie avec « profanation », ce qui est à rappeler aujourd'hui dans un moment où le corps, au centre de la société, semble en apparence l'objet culte alors qu'il est massivement chosifié : il faudrait le montrer sans pudeur, le rendre performant, augmenter sa puissance, le couper de tout esprit, de toute âme, de toute sensibilité.

Les sociétés humaines se sont donné trois grands tabous. Pour survivre, elles se sont interdit le meurtre, le cannibalisme et l'inceste. Et cela dans toutes les cultures du monde. Pourquoi le viol n'a-t-il jamais été banni avec cette profondeur universelle et ce sens du sacré fondamental, antérieur à toutes les religions ? Pourquoi cette complaisance devant la violation ? Pourquoi le rapt d'un être, son enlèvement à l'humanité, sa réduction à l'état de choses inanimée, sa profanation, ne fait-il pas l'objet d'un tabou infranchissable ?

Faire du viol un quatrième interdit anthropologique ne garantirait malheureusement pas la sécurité des femmes, mais peut-être cela serait-il un premier pas vers une civilisation planétaire fondée sur l'éthique. Nous cherchons bien à le faire concernant l'écologie, le soin de la Nature.

8

Savourons le « moment de Vénus »

L'histoire d'Anaïs a été racontée dans *Les Métamorphoses* d'Ovide[1]. Comme si, en vingt et un siècles, aucun progrès n'avait été accompli. Je sais, c'est décourageant.

Chioné, quatorze ans, est repérée par Mercure, habituellement très civilisé puisqu'il est le dieu du commerce et des échanges (Hermès dans la mythologie grecque). Pour la séduire, au lieu d'employer des mots qui la toucheront, il touche son visage avec une tige qu'il a enduite de somnifère et il la viole dans son sommeil. En latin, l'expression est *jacet vim*, il jette sa *vis* (force), il « jacule » comme s'il lançait un javelot. Mercure, a priori si aérien avec ses petites

1. Ovide, *Les Métamorphoses*, Folio classique.

ailes cousues à ses sandales, pèse ce jour-là sur Chioné de tout le poids de son corps bestial. Elle ne peut rien faire. Aucune parole n'est échangée. Seule la violence sourde triomphe.

Vim jacere, c'est jeter sa *vis*, sa force, sa puissance, sa semence. Le petit mot de trois lettres (*vis, vim*) entre dans la composition de *violenta* aussi bien que de *virilitas*. Deux mots qui ont deux sens opposés, mais qui sont cousins. Leur proximité pose une question fondamentale : à quel moment passe-t-on de l'un à l'autre ? Comment se fait-il qu'un être humain se métamorphose soudain en taureau furieux ? En fleuve en rut, en vent *rapteur*, en tempête furieuse ? Comment, à l'inverse, cette énergie initiale positive et créatrice – une pulsion de vie – parvient-elle à produire de l'élan vital, loin de toute violence ?

L'apport fondamental du poète Ovide a été de s'interroger sur cette frontière ténue. Il a voulu regarder ces questions en face et comprendre les mécanismes en jeu, bien avant la psychanalyse, pour préserver l'Éros sans qu'il dégénère en Thanatos. Son grand poème raconte ces *mutatas formas*, ces changements de forme, et constitue encore aujourd'hui une œuvre majeure. Tout particulièrement pour les femmes !

Le couple de Narcisse et Écho, dont on a déjà parlé, est le plus connu des *Métamorphoses*. Ovide montre bien comment le narcissisme est l'ennemi du désir. Autant Narcisse, celui qui n'arrive pas à passer à l'âge viril, est énervant parce qu'il a peur de la relation et la fuit, autant Écho est intéressante parce qu'elle attend chaque soir le beau berger dans l'ombre des feuillages et l'épie dans ses gestes, la beauté de son torse, la gloire de sa chevelure. Une femme voyeuse, c'est rare en littérature !

Ovide s'amuse déjà avec les stéréotypes de genre. Depuis qu'il a vingt ans, et au lieu de faire son service militaire avant de devenir avocat comme le voulait son père, il décrit les jeux de l'amour et du hasard. Il a pris parti définitivement pour eux et contre la guerre. Contre la pulsion de domination. Contre les passions tristes. Il écrit des traités avant-gardistes sur la relation amoureuse. Il essaie d'en donner le mode d'emploi sans fausse pudeur. Des recettes généreuses pour établir une relation de confiance entre les uns et les autres, les autres et les unes. Il met en garde contre les abus. Il dénonce les emprises. Il annonce l'amour libre que le XXe siècle portera à son apogée. Bref, il témoigne clairement du fait que l'égalité des sexes n'est pas une lubie du

XXe siècle inventée par des Occidentales déchaînées, mais qu'elle a été pensée dès le premier siècle de notre ère.

Au moment de l'écriture des *Métamorphoses*, Ovide est un homme mûr qui vit dans une société viriliste qu'il déteste. Comme la nôtre aujourd'hui, elle traverse un moment charnière : le régime impérial vient de remplacer la République. Le mot *virilitas* se déploie dans le sens martial impulsé par Jules César, et boosté par son successeur, son fils adoptif Octave qui s'est rebaptisé Auguste, le tout-puissant, le *lider maximo*. Notre poète de l'amour se bat à sa façon contre ces dérives autoritaristes. Les monuments à la gloire de l'empereur ? Il conseille aux jeunes de s'en servir comme lieux de drague et de plaisir. Il défend la *vis*, et refuse l'amalgame de la « virilité » et de la « violence ». La *vis*, pour lui, reflète la vie, le désir, la nature dans ce qu'elle a de plus beau. Tous les épisodes de son long récit réfléchissent à cette frontière ténue entre les poussées naturelles de la libido et ses excès, pour bien montrer que la violence est une virilité qui se renie.

Avec Chioné, Ovide montre la noirceur de la pulsion sexuelle quand elle n'est que force brutale irrépressible. À la jeune fille est déniée tout statut humain, la voilà métamorphosée en pierre, en grotte dans laquelle on pénètre sans lui demander son avis. Quand il veut, par contraste, faire l'éloge de la face lumineuse de l'« aimance », comme on disait en ancien français, le poète nous parle de coups de foudre. Par exemple, celui de Médée pour Jason. Il ne cache pas la violence des émotions : il y a toujours un risque d'être subjugué par quelqu'un, soumis à son emprise. Pour que les corps se relient et ne soient pas prédateurs l'un envers l'autre, pour que personne ne soit esclave de ses ressentis, il faut que Médée ne cherche pas à « prendre » Jason, pas plus que lui ne veut la « prendre ».

Pour réussir ce subtil équilibre des corps et des esprits, la nature doit être mise en culture – en métaphores, en métonymies, en oxymores, en litotes... Ovide ne dit pas que c'est facile. Il en fait au contraire carrément le Big Bang. Les premières lignes des *Métamorphoses* ressemblent à s'y méprendre à la Genèse.

Igna vis, une force intensément lumineuse, vient mettre fin au chaos qui empêchait la vie d'émerger. Elle sépare les quatre éléments jusqu'alors agglomérés en une masse informe. Sur l'air, l'eau, le soleil et la terre, points cardinaux du monde, vient se poser un arc protecteur : il s'appelle « climat ».

Dans une vision très semblable à celle du judéo-christianisme, la puissance de vie ne peut exister sans son ordonnancement. Pas de *vis* sans régulation de la *vis*. Pas d'élan vital sans cadre pour en contenir les excès. Devant les dérèglements énergétiques du monde actuel, à l'échelle du monde comme à l'échelle du moi intime, comment ne pas penser à la nécessité de cette règle fondatrice ?

Auguste finira par condamner Ovide à l'exil. La *virilitas*, raffinée et poétique, destinée aux deux sexes, que défend le poète est apparue trop sulfureuse à l'empereur. Il sait bien que c'est son autocratie et son désir de domination qui sont combattus ainsi. L'alliance entre le pulsionnel et le civilisé requiert des conditions dont il ne veut pas : liberté individuelle, apprentissage culturel, éducation et, surtout, temps pris à se représenter la vie. Littérature, philosophie, peinture, tous les arts le font. Mais aussi chacun d'entre nous, quand il « se la raconte », quand il voit son parcours et voit aussi la valeur de ceux qu'il rencontre sur sa route.

Reprenons l'exemple de Chioné, convoitée

également par Apollon[1]. Contrairement à Mercure qui se déplace à toute vitesse sur ses sandales ailées, lui, le dieu de la musique, connaît l'importance des différents tempos. Il diffère son désir (*vim differt*) pour la jeune vierge. Il suspend sa force virile jusqu'à l'« heure de Vénus ». L'expression latine est magnifique : *spem veneris*. *Spem, spes* désigne à la fois « l'attente » – c'est de lui que vient notre mot « espoir » – et l'image créée par cette attente : l'aptitude de l'être humain à se donner une représentation de ce qu'il est en train de vivre. Cela ne produit pas de mot particulier en français, ce sens s'est perdu. Raison de plus pour réveiller la nuance essentielle qu'il portait. Durant le moment de Vénus, quand on espère avoir une relation avec une autre personne, on est partagé entre l'espoir et la peur, ce n'est pas confortable, mais il faut savourer cette ambivalence. C'est elle qui nous titille, excite notre curiosité, notre attente, nous fait douter et désirer. Nous oblige à nous poser la question de l'Autre. Qu'est-ce qu'il ou elle ressent ? Est-il, est-elle comme moi, en train de

1. Apollon ne suspendra que quelques heures son désir et abusera aussi de Chioné, mais la mythologie indique tout de même la distinction à faire entre le désir du « tout tout de suite » et un désir moins immédiat.

se faire des films dans la tête ? Le « moment de Vénus » est ce qui permet à deux êtres désirants, portés l'un vers l'autre avec ardeur, de questionner un instant leur propre corps et d'exprimer leur réciproque respect.

Dans le mythe, c'est exactement ce que le couple, jeune, non éduqué, incapable de passer à l'âge viril, échoue à faire. Entre Écho et Narcisse, pas de moment de Vénus ! Elle, incapable de créer son propre langage, saute au cou de Narcisse de manière pulsionnelle et provoque son effroi. Lui détale comme un lapin et court se réfugier en lui-même, se regardant dans un lac jusqu'à s'y noyer. Résultat, il se transforme en eau, elle se transforme en pierre. Tous deux morts à leur humanité.

Le temps suspendu du désir peut aller de quelques années à quelques mois, de quelques semaines à quelques jours… Quelques minutes peuvent suffire. Émerge alors une « capacité symbolisatrice[1] » qui n'appartient qu'aux humains. Les animaux se séduisent, les plantes se fécondent, mais seuls les êtres mortels que

1. L'expression est de René Girard (1923-2015), spécialiste de littérature et d'anthropologie, qui a toute sa vie prôné l'humanisme du langage contre la « violence mimétique », laquelle vient du désir de posséder ce que l'Autre a et qu'on n'a pas, ou pense ne pas avoir.

nous sommes possèdent une conscience de leurs actes et peuvent en imaginer les conséquences.

Leur bouche ne sert pas qu'à se nourrir, elle sait parler : produire des récits, des réflexions, faire des déclarations d'amour, des débats, des paroles de séduction... C'est sur cette bouche que Chioné a été touchée par la tige soporifique de Mercure. Elle a ainsi été blessée dans ce qu'elle a de plus humain : *os* en latin désigne la bouche et donnera oralité, oraison et prière. Ainsi qu'une très jolie notion qui se situe entre esprit et corps : les *oscula.* Ce sont des petites « paroles-baisers » qui organisent le tempo de la séduction : se voir et s'attirer au premier coup d'œil, suspendre un instant le désir pour jouir de laisser les mots se caresser, puis se prouver par des gestes un respect mutuel avant de passer à l'acte. Évidemment, c'est tout un art.

Vénus séduit Mars de cette façon. Pour une fois, le guerrier pulsionnel, qui réfléchit après avoir frappé, ralentit ses ardeurs. Il dépose les armes virilistes et accepte le *spem veneris.* L'Autre, sa présence, son émotion, lui apparaît. Son consentement, dirait-on aujourd'hui. Tous deux alors, Vénus et Mars, vivent ensemble un moment de *virilitas* ardente et tempérée. Ils sont au cœur d'une vraie relation. Dans cet instant magique, les dieux saisissent toute la chance qu'ils ont d'être humains grâce à ce lien. Ils comprennent que la virilité est un humanisme.

9

De la virilité vénusienne à l'art érotique

Cet art de la virilité bien tempérée, les Anciens l'ont nommé *ars erotica*: tout un ensemble de règles de comportement portant sur le corps. Elles reviendront régulièrement au cours de l'Histoire. La fin du Moyen Âge reposera sur le fait que les femmes demanderont aux hommes de ne pas cracher en public, de ne pas manger de manière bestiale (Louis XIV refusa toute sa vie d'utiliser une fourchette, objet trop féminin pour sa grandeur martiale)... Et surtout de ne pas serrer de trop près leur corps. L'amour courtois fondé sur le respect du consentement féminin par le gentilhomme est né ainsi. Cette régulation par le corporel a contribué à faire advenir la Renaissance, printemps historique qui ne s'est pas installé d'un coup et a connu plusieurs saisons entre la fin du XIIe siècle et le début du XVIe Vous allez me dire que c'est bien long, l'Histoire. C'est vrai, et chaque génération se retrouve devant la nécessité de repenser les mœurs de son époque. Mais c'est la seule condition pour que la force vitale, la *vis*, ne régresse pas en *furor*, force furieuse privée de conscience. Fureur des tempêtes, fureur des bêtes féroces, fureur de Mars avant que Vénus ne la dompte avec sa ceinture érogène et l'éclat de son regard.

Personne mieux que Simone de Beauvoir n'a réalisé cette harmonie. Surnommée « le Castor », nous la connaissons urbaine et industrieuse, mais elle a également vécu une vie de femme amoureuse et joyeuse, en lien avec la nature. « Douée pour le bonheur ». Vous avez des doutes… Alors, allons voir de plus près pour découvrir son autre visage !

Pour commencer, je ne vous cacherai pas que *Le Deuxième Sexe*[1] m'est toujours un peu tombé des mains. Je n'y trouve pas cette écriture sensuelle que Beauvoir déploie dans d'autres livres, en particulier *La Force de l'âge*[2], où elle raconte comment, toute jeune prof, elle sillonnait la France durant les vacances d'été,

1. Simone de Beauvoir, *Le Deuxième Sexe*, Folio.
2. Simone de Beauvoir, *La Force de l'âge*, Folio.

pour y vivre en solo toutes sortes d'aventures : dormir à la belle étoile, se baigner nue dans un torrent de montagne, arpenter sous le soleil ardent des sommets, se nourrir de fromage et de baies sauvages, se soucier d'exploration plus que d'épilation, récupérer un amant à une gare de campagne, jouir de sa présence pendant une petite semaine, avant de le ramener à la gare, car il y a tant à faire : rencontrer, ressentir, décrire, penser…

Les Mandarins[1] aussi continue à m'étonner par sa modernité. Le contexte a changé, on n'est plus dans les années 1950, mais ses portraits de femmes vivantes et vibrantes n'ont pas pris une ride. Cinq ans après *Le Deuxième Sexe*, où elle les avait théorisées, Beauvoir incarne l'amoureuse, la narcissique, la vierge, la virago, l'indépendante, l'arriviste, l'activiste… Toutes vivent dans leur chair les peurs et les espoirs philosophiques. Les désirs aussi.

Sertie comme un petit bijou au cœur du récit, certaines pages racontent comment Anne, double fictionnel de l'auteure, vit son *spem veneris*, son « moment de Vénus ». Les faits sont connus : l'intellectuelle française engagée à Paris

1. Simone de Beauvoir, *Les Mandarins*, Folio.

vit, à Chicago, une passion intense avec un écrivain américain, amateur de boxe, explorateur des bas-fonds, moins brillant que Sartre mais beaucoup plus sensuel – pas très difficile me direz-vous !

Je ne résiste pas à citer ces lignes dignes de Vénus aimée par Adonis :

« J'aime vos mains.

— Vous les aimez ?

— Toute la soirée je me suis demandé si je les sentirais sur mon corps.

— Vous les sentirez toute la nuit, dit-il.

« Soudain, il n'était plus ni gauche ni modeste. Son désir me transfigurait. Moi qui depuis si longtemps n'avais plus de goût, plus de forme, je possédais de nouveau des seins, un ventre, un sexe, une chair ; j'étais nourrissante comme le pain, odorante comme la terre. »

Dans les centaines de lettres qu'elle envoie par la suite à Nelson Algren, son grand amour transatlantique, Beauvoir ne cesse de parler du corps, le sien, le sien, le leur, *hers, his, both*. Se plaignant d'être privée de la compétence conceptuelle qu'elle a en français, elle se décrit en anglais en train de penser à lui toute la nuit sous la lune parisienne, imaginant qu'il fait germer sur sa peau des bouquets, un *blossom* – un mot de la même famille que floraison, flore, fleur, phallus… « Les roses que vous m'offrez, je veux les manger.[1] » Cette fleur symbolique de la chair heureuse, elle n'en parle pas comme un homme (« Mignonne allons voir si la rose… »), elle en parle comme Vénus…

Le sexe est pour la philosophe une expérience qui ressemble à une marche au grand air, à d'odorantes fusions avec les mousses, les sources, les rochers, les torrents. Comme chez Ovide, on voit la dame au turban se laisser métamorphoser par le désir, devenir animale, végétale ou minérale, au gré de ses perceptions.

Dès le monde médiéval, plusieurs poétesses avaient déjà fait allusion à ce qu'on appelle aujourd'hui les « interdépendances des règnes » du vivant : nature, végétaux, animaux, humains… Christine de Pisan, Marie de France, Hildegarde de Bingen… Cette dernière est connue pour ses élixirs floraux, notamment le myrte, aphrodisiaque préféré de Vénus, assez inattendu chez une mystique allemande du XIIe siècle. Ainsi que pour ses compositions d'opéra, où elle montrait qu'elle était experte en sons et assonances. Dans ses poèmes mystico-érotiques, elle aimait faire

1. Simone de Beauvoir, *Lettres à Nelson Algren*, Folio.

rimer *virilitas* et *viriditas*. Quand elle vantait la croissance des *tigides virides*, tout le monde comprenait de quoi il s'agissait. Comme quand Baudelaire parlait des « grands encensoirs », mais en plus écolo... « Viride » veut dire littéralement « qui verdit », et donc en ancien français « qui fait la reverdie » : le printemps. Avant d'être une couleur, le vert est une vigueur : celle des végétaux pleins de sucs érigeant leurs tiges, faisant de leur ramage un beau plumage... La sève monte le long des troncs et des branches : tous s'élancent vers le ciel, finissent en explosion de feuillages.

Pour décrire ces impressions, la « charnalité » – l'amour de la chair, joyeux et vital en français des années Rabelais – doit devenir une valeur importante dans la société. Au regard de notre histoire, cela semble se produire par cycles et un siècle sur deux. Au XVIe siècle, renaissant et imaginatif, oui. Au XVIIe, cartésien ou janséniste, non. Au XVIIIe, salonard et libertin, oui. Au XIXe, industriel et corseté, non. Au XXe, qui veut, après tant de guerres, faire l'amour, oui. Au XXIe, pour l'instant, entre pornographie et pudibonderie, l'éros vital et naturel a bien du mal à trouver sa place. Nous sommes plutôt animés par des passions tristes que par des passions joyeuses.

Souvent nous pouvons nous demander où est passée ce que le philosophe de cette distinction, Baruch Spinoza, au XVIIe siècle appelait la *vis existendi* : la force d'exister et la force de persévérer dans notre être. De tenir sur notre désir.

Notre chance est que la nature – dont l'étymologie vient de *nascior* (« naître ») – est redevenue centrale aujourd'hui, grâce à notre prise de conscience qu'elle est en danger et qu'il est nécessaire de la protéger. La force de faire persévérer l'existence passe par elle. Elle est associée à tout ce qui vient au monde, tout ce qui s'apprête à naître et à renaître. Elle nous tend un miroir, macrocosme du microcosme que nous sommes. Nous redécouvrons des analogies que la modernité nous avait fait perdre et qui caractérisaient pourtant notre Antiquité, comme aujourd'hui encore dans les cultures cosmologiques d'Asie ou d'Amazonie.

Les femmes sont sensibles à cette re-connaissance du lien entre humain et nature. Elles ont leurs « lunes » chaque mois qui leur rappellent les cycles de la vie, des saisons... Mais les hommes aussi, en fantasmant qu'ils aspergent certaines zones humides de leurs pluies séminales. Marot a vu des fraises sur le bout des seins, Ronsard a fait pousser des roses sous la mousse. Rimbaud et Verlaine ont repris allégrement l'assonance entre « virile » et « viride » et parlé du vin de vigueur qui sort en jet d'eau de leurs tiges montant vers le ciel. L'animalité a également été un registre à travers des rapprochements surprenants. Des contes du Moyen Âge ont pu présenter le sexe masculin comme un jeune poulain voulant s'abreuver à une fontaine d'eau douce... Le mot « con » lui-même, devenu insulte, désigne à l'origine le terrier – *cuneus* en latin – dans lequel le lapin va se blottir... Les jeux de l'amour sont inséparables des jeux du langage.

À ce propos, le clitoris fait l'objet de toutes les attentions aujourd'hui : de la sexologie à la philosophie, et c'est tant mieux[1]. J'attends personnellement qu'il laisse la place à d'autres formulations car pour l'instant il est paradoxal – signe qu'il a été nommé du point de vue masculin. Lui qui ouvre sur bien des sensations et bien des questions, il se rattache à un verbe grec, *klein,* qui signifie « courber », « fermer ». Une évocation de la ceinture de chasteté d'antan ?

Beauvoir parle de « joie », mot à la fois mystique et enfantin, quand elle ressent des troubles poétiques entre elle et ce qui l'entoure,

1. Notamment Catherine Malabou, *Le Plaisir effacé, clitoris et pensée*, Bibliothèque Rivages, 2020.

marchant sur un chemin de campagne, s'enivrant de grand air, s'écorchant aux plantes du maquis. « Les odeurs, les lumières et les ombres, les brises, les ouragans se propagent en ondes calmes ou brouillées dans mes veines, mes muscles, ma poitrine, dans le charivari des cigales… » Sa gémellité avec Sartre n'existait pas sur ces questions. Il avait une aversion connue pour le naturel, qu'il jugeait visqueux, organique… Elle, en revanche, a produit des pages superbes sur cette loi naturelle à laquelle l'esprit philosophique doit s'abandonner s'il veut connaître la vraie sagesse, comme le pensait l'humaniste Montaigne.

La patronne des féministes a parfaitement rempli ce déploiement de vie. Cela a fait d'elle une femme équilibrée selon trois dimensions essentielles à mes yeux. La première est évidemment l'intelligence, chez cette Athéna du XXe siècle. La deuxième est le combat. Ses engagements féministes ont fait d'elle une Artémis défendant la cause des femmes. C'est sur la troisième dimension qu'elle est la plus originale. Femme de tête, elle a aussi été une femme de corps, à une époque où allier et cultiver ces dimensions était chose rare. L'érotisme est pour elle une façon de penser l'existence. Cela la rend résolument vénusienne : une femme pensante et agissante bien connue, et une autre, plus secrète, n'oubliant jamais de s'abandonner aux plaisirs de la vie. Faisant confiance à son étoile de Vénus. Trois Beauvoir en une ! Un castor des champs est venu réveiller le castor des villes. À nous de ne pas l'oublier.

10

Et si nous cultivions notre humanité commune ?

En vivant cette complétude, Simone de Beauvoir a réussi un exploit. Elle a montré la voie pour que les femmes puissent à leur tour écrire non seulement leur destin mais aussi le destin de l'humanité en général. La grande idée qui anime *Le Deuxième Sexe* est que la femme est toujours seconde, qu'elle n'est pas considérée comme un sujet de l'Histoire au même titre que l'homme. Elle est présente dans le grand tableau évidemment, mais toujours comme personnage secondaire. Qu'elle n'écrit pas l'Histoire.

Prenons un exemple parmi tant d'autres : le passage de la société nomade à la société sédentaire et l'invention de l'agriculture. La fresque nous peint des chasseurs-cueilleurs qui remplacent peu à peu les grands migrateurs. D'accord, mais où sont les chasseuses-cueilleuses? Sont-elles de simples servantes et épouses ou sont-elles des pionnières, des ouvreuses de nouvelles ères, elles aussi? « On ne naît pas femme, on le devient », confirme la phrase fondatrice de l'humanisme: « on ne naît pas homme, on le devient », prononcée par le philosophe Érasme en 1519. Elle confirme que l'adage doit s'appliquer à parité aux femmes. Que toute femme est un *Homo Sapiens Erectus* comme un autre.

Les femmes, personnages plus qu'auteurs des grands récits humains, muses plus que poètes? Il faut relire ces mythes et ces épopées transmis depuis la nuit des temps. Comment parlent-ils de l'Humanité? Comment parlent-ils des femmes? Dans les années 1960, deux historiens-anthropologues, Émile Benveniste et Georges Dumézil, ont tenté de répondre à ces questions. Chacun à leur façon, ils ont montré que le monde occidental s'était construit sur trois grands types de narrations et ils se sont rejoints sur une grille, une triade, devenue fondatrice pour les sciences humaines. En Occident, trois grands types de récits ont été développés, correspondant chacun à une grande fonction essentielle à la vie. En premier lieu, est décrite la fonction de production de l'alimentation au sens large, incarnée par le Paysan-cultivateur, le fameux chasseur-cueilleur devenu terrien. En second lieu, des récits évoquent la fonction de défense du territoire, afin d'y vivre en paix. Cette fonction est incarnée par le Guerrier. Enfin, en troisième lieu, la fonction la production du sens, incarnée par le Sorcier ou Grand Prêtre, passe par le lexique des lois et du sacré[1].

Quand on observe l'histoire culturelle sous ce prisme, on s'aperçoit que ce trépied se retrouve dans toutes les zones dites indo-européennes, depuis le bassin occidental originel, la Mésopotamie, jusqu'à l'Inde, en montant vers le nord, et la Scandinavie, en descendant vers le sud, à la lisière de l'Afrique...

Évidemment, ce trio a été pensé du point de vue des hommes, obligation étant faite aux femmes de rester en dehors ou de les imiter, au risque de perdre leur féminité. C'est cela que Beauvoir dénonce dans *Le Deuxième Sexe* et qu'elle déjoue si bien dans sa vie. Elle incarne magnifiquement la triade civilisationnelle et

1. Georges Dumézil, *L'Idéologie des trois fonctions dans les épopées des peuples indo-européens*, Gallimard, 1968. Émile Benveniste, *Le Vocabulaire des institutions indo-européennes*, t. I, Éditions de Minuit, 1969. Yuval Noah Harari rappelle cette triade dans *Sapiens, une brève histoire de l'humanité*, Albin Michel, 2015.

nous indique la voie ambitieuse à suivre. Combative, elle l'est comme féministe et intellectuelle engagée. Prêtresse au sens laïc, elle l'est comme philosophe. Mais elle n'oublie pas la fonction agricole et nourricière : elle est une cultivatrice de l'esprit – de l'esprit par le corps. À travers son œuvre et ses actes, elle a démontré qu'une femme, au même titre qu'un homme, peut participer au socle humaniste de la civilisation occidentale.

J'ai été frappée de cet équilibre ternaire chez elle, en lisant enfin entièrement *Le Deuxième Sexe*. Le message m'est apparu clairement : avoir un cerveau et s'en servir, oui. Avoir du courage pour ne pas déroger à ses choix, oui. Mais jamais en sacrifiant le corps, la chair, l'éros vital. Toujours en vivant le corps au féminin et en y trouvant une joie infinie. Travaillez, pensez, soyez actives et artistes, savantes et guidantes, mais n'oubliez pas la connexion à votre sensorialité, jouissez pleinement de la « chair du monde ».

Émile Benveniste, immense érudit du langage, a établi que les Paysans-cultivateurs indo-européens se nommaient, dans cette langue-mère antérieure au latin et au grec, les *virri*. On trouve déjà ici la *vis* d'Ovide, fondée sur une racine indo-européenne : VEIS, signifiant « croître ». L'historien des mots a été clair : ces *virri* se distinguaient des Guerriers et des Sorciers. Leur sujet n'était ni le combat ni la transcendance. Ils cherchaient à être reliés harmonieusement à leur environnement immédiat. Leur travail consistait à produire des fruits, des légumes, des herbes en fonction des saisons et des cycles du temps... Ils s'occupaient des troupeaux, et leur communauté, mixte, labourait, semait, attendait, récoltait, cueillait, mangeait, buvait, musait, s'amusait, se reliait, fructifiait, engendrait, jouissait du simple fait d'être en vie, à l'unisson de la nature.

Ils devaient maîtriser – cultiver – leur énergie pour ne pas régresser vers les plantes ou les bestiaux au milieu desquels ils vivaient. On dit parfois que ces *virri* étaient des héros[1]. Oui, mais attention, ce ne sont pas des héros épiques mais des héros de la vie quotidienne. Rien de plus difficile en effet que de réguler sa force ! Le véritable exploit humain est là. Définition possible de la virilité : puissance et régulation de la puissance.

1. Olivia Gazalé, *Le Mythe de la virilité, un piège pour les deux sexes*, Robert Laffont, 2017.

11

« Virile » a longtemps été épicène

Il est temps qu'en 2021 les femmes donnent leur propre version de l'Histoire et posent la question du langage. Dans ce but, rendons visible le signe grammatical du féminin. De nouvelles formes sont proposées. Pourquoi pas ? Auteur ou Auteure ? Autrice ou Autaire ? Writer ? L'anglais a cet avantage sur le français d'avoir conservé la forme neutre. Le neutre ? Un genre que notre langue a perdu mais qui existait en latin. Nous l'avons rencontré à propos du *venus* de Vénus, souvenez-vous ! Cette dimension existentielle non genrée, nous l'éprouvons dans la vraie vie : nous ne sommes pas une femme ou un homme toute la journée. La plupart du temps, nous sommes un être, comme tant d'autres. Un « être avec », comme le disait Beauvoir dans le vocabulaire de la philosophie phénoménologique : un être qui vit « avec » ses sensations, ses émotions, ses relations... Un être dans son milieu. Au milieu du monde et au milieu des autres. Éveillé à cette altérité.

Cela nous amène, quel que soit notre genre, à être des individus agiles, labiles, plastiques, athlétiques, nomades, fragiles, adultes, immatures, matures, fragiles, solides, bénévoles, narcissiques, frivoles, responsables, durables, vulnérables, invulnérables... À vous de poursuivre la liste de ces caractéristiques épicènes comme on dit en grammaire. « Épicène » ? Cela veut dire que quelque chose est mis en commun (*koïnos*), et va de l'un à l'autre (*epi*). On parle beaucoup aujourd'hui d'« épi-génétique ». Violette, tu m'expliques souvent que nos gènes et nos comportements ont « l'un et l'autre » une influence sur notre santé, que nous devons les mettre en synergie. C'est la même chose avec le féminin et le masculin, nous avons à les faire marcher l'un avec l'autre. Dans un vrai collaboratif. Et cela déjà en nous-mêmes, part féminine et part masculine, unies à vie – selon des variations qui peuvent changer. Cette question de l'Un et de l'Autre. Simone de Beauvoir encore, nous éclaire : « La catégorie de l'Autre est aussi originelle que la conscience elle-même. » Ce qui veut dire antérieure à la différence des sexes.

Depuis 1949, date du *Deuxième Sexe*, et même si les choses sont lentes, les femmes ont acquis les armes intellectuelles pour concurrencer l'hégémonie masculine et ne pas se contenter d'être éternellement les Autres de ces Uns… Elles veulent raconter elles-mêmes ce qu'est la vie du point de vue qui est le leur. Une belle occasion leur est donc donnée de se libérer de la seule comparaison avec les hommes et de montrer qu'elles peuvent s'emparer directement du monde et des grandes questions qu'il pose.

D'ailleurs, ces questions existentielles ne sont pas différentes selon les genres. « Les uns et les autres » nous sommes tous logés à la même enseigne. Aussi nus devant la vie. Pas plus avancés devant la mort. Le *vir* et la *vira*, la femme et l'homme, et tous ceux qui expérimentent des identités intermédiaires, ont en partage bien davantage qu'ils n'ont en opposition ou en différence. Dans notre monde violent et instable, l'urgence est donc de nous aider mutuellement. Trouvons les régulations qu'il faut pour protéger la vie humaine, quel que soit le genre – grammatical ou sentimental – que nous choisissons de prendre.

Le masculin et le féminin savent aujourd'hui se renouveler pour ne pas être des cases hermétiques et sclérosantes. L'important est que leur dualité nous permettent d'exprimer du tiers. J'aime beaucoup cette formule du philosophe de l'imagination Gaston Bachelard : « Un plus un fait du sexuel. » Il faut toujours deux pôles pour faire une troisième chose, y compris lorsqu'elle les remet en cause. Prenons exemple des cultures asiatiques, qui essaient également de faire des variations autour de liens fondamentaux. Par exemple, celui bien connu du *yin* et du *yang* chinois : l'idéogramme *yin* composé de la partie ombragée, lunaire de la colline venant s'associer à l'idéogramme *yang* symbolisant, lui, le versant ensoleillé, ce qui nous fait comprendre que la lune ne vit pas sans le soleil. Et vice versa, jamais l'une sans l'autre, l'autre sans l'un.

Dans notre langue, pour aller dans ce sens, un ajout s'impose. Il faut rajouter au bout du mot « viril » un E. Un homme doit être virilE. Comme une femme. Alter égaux. L'anglais le fait d'ailleurs : *this man is virile*. À l'époque de Rabelais, l'adjectif s'écrivait ainsi en français, qu'il s'applique à Gargantua ou à Gargamelle. C'est tout à fait logique car la forme latine *virilem* perd le *m* selon un mécanisme phonétique bien connu. Ce n'est qu'une décision arbitraire, fortement idéologique, prise au début du XVIIe siècle, viriliste et louis-quatorziste, qui a coupé d'un coup sec ce E jugé trop féminin. À nous donc aujourd'hui de le replacer. Réadoptons ce « virile » commun à tous !

12

Le phallus de Vénus

Les « viriles » qui cultivent la vie : voilà nos très lointains ancêtres. Que peut-on en tirer comme enseignement aujourd'hui dans notre monde, souvent sombre et violent ? Sans hésiter, on peut constater qu'il est urgent de redevenir ces Paysans-cultivateurs symboliques si nous ne voulons pas que le monde n'appartienne qu'aux Guerriers pleins de fureur ou aux Sorciers-Grands Prêtres qui espèrent nous empêcher de penser par nous-mêmes.

À notre petite échelle hier soir, lors de notre dîner familial, nous avons créé une situation belliqueuse et intolérante. Quand le dialogue s'arrête, la violence commence. Pour cette raison – qui va peut-être vous surprendre – je crois qu'il y a urgence à retrouver le phallus ! Le phallus du langage, bien sûr, et précisément pour s'opposer à celui de l'autoritarisme et de l'agressivité. Un phallus, ce n'est pas toujours une arme, ce n'est pas toujours une idéologie, ni même un organe sexuel, non, un phallus, c'est au départ « une parole lumineuse qui éclaire la route ». Que demander de plus ?

Je m'explique. La racine indo-européenne de ce « phallus », phallos en grec, est *bhel.* Elle indique un mouvement de souffle, positif et dynamique. Par excellence, c'est la voile d'un bateau qui s'élance dans la tempête et qui brille au loin bravant les ténèbres.

Cette racine développe toute une histoire longue et riche. Selon les langues, elle peut se prononcer *Bè* ou *Fè*. En anglais, elle donne « *to blow* », « *to bright* » par exemple. En français, « phosphore », « photophore », « fasciner », « fascination ». Au cours de ce périple, arrive en latin le verbe *fari* : « parler » au sens de « laisser passer de l'air dans sa bouche pour former des sons, des mots ». La métaphore de la parole agissante et lumineuse naît ainsi. Elle sera évidemment centrale dans la culture occidentale puisque le monde a été, selon la légende, créé par Dieu, disant : « Que la lumière soit ! »

Le « phallus » a eu bien d'autres sens depuis

cette image et a pris bien d'autres formes. Certaines très concrètes : le sexe masculin érigé que l'on balade dans des fêtes pour que les récoltes soient bonnes et que naissent de beaux enfants. D'autres, très poétiques : avec le printemps arrivent, la floraison, le *blossom*, le « phallus » des forêts qui s'élève vers le soleil. Et puis, d'autres encore, très intellectuelles, tant le mystère du « Je pense » est apparu comme une illumination, un trait d'esprit tombé du ciel, une lueur à l'aube, un « eurêka » après une nuit ténébreuse.

Vito me dit souvent que les jeunes femmes de son âge sont brillantes, parlent fort, vite, et bien. Ayant bien compris la leçon d'Hermione, vraie héroïne de *Harry Potter*, ses amies se servent avec talent du « phallus » du langage pour réussir leurs parcours scolaire, puis professionnel. « Avec elles, pas facile d'en placer une ! » dit-il. Les hommes du XXIe siècle doivent déployer des trésors d'esprit et d'imagination pour les intéresser. Humour et fantaisie – ce qu'on a longtemps appelé « l'esprit ! » – sont donc requis sur le terrain de la séduction. Le défi est de taille. La belle bagnole ou le bel uniforme ne suffisent plus. Il faut du dialogue, du langage, de la communication, des conversations, et plus si affinités. Fort heureusement, la « virtuosité » est une des facettes de la « virilité ». Elle vient aussi de la *vis* et a fait un heureux détour par l'italien *virtuoso*. Cela offre aux hommes qui veulent exprimer tout le clavier de leur virilité bien tempérée de belles variations en perspective : dansantes, chantantes, éclatantes, amusantes, infiniment séduisantes…

13

Une dernière question pour la route

Reste la question qui a bien failli hier soir tous nous séparer : une femme peut-elle conserver sa dignité quand elle est montrée nue ? Car là était bien l'origine de notre dispute à propos de l'exposition intitulée *L'Empire des sens* et des nus de Boucher. Pour mettre un terme à notre apartheid familial sur la réponse à apporter, Théo, le réconciliateur, avait proposé une trêve musicale :

— Arrêtez de vous engueuler, regardez plutôt le dernier clip de Beyoncé !

Ce que nous avons fait. Et, en effet, la chanteuse a réussi dans ce film à relier la féminité et la masculinité, la maternité et la sororité, les références à la peinture et les paysages naturels, Hollywood et l'Histoire, Black Lives Matter et Scarlett O'Hara.

Parmi beaucoup d'autres, une image m'a retenue et tenue éveillée cette nuit. *Woke* à ma façon. Beyoncé, figée et silencieuse comme sur un tableau de la Renaissance. Dans une pose bien précise : mi-assise mi-allongée sur l'herbe, chevelure tressée, blonde comme une haute couronne de blés, seins affleurant à la lisière du décolleté, cuisses bombées émergeant de la jupe fendue… Je l'ai reconnue tout de suite. Ce regard noir plein d'éclat, cette souveraineté sensuelle, cette harmonie entre la chair et l'esprit : Vénus, bien sûr, nous faisait face…

Cette Vénus, revue et corrigée par l'industrie de la musique, est absolument fidèle à celle qui a été peinte à l'origine, par Apelle, un peintre grec du IVe siècle avant Jésus-Christ. C'est frappant. Daniel Arasse, le grand historien de l'art, nous conseillait de regarder l'Histoire à l'envers, de Manet à Titien, pour expliquer le contemporain par l'ancien[1]. Remontons ainsi le cours du temps – époque actuelle, Belle Époque, Renaissance, Antiquité – jusqu'à la toute première peinture de Vénus. On ne peut l'admirer ni à Athènes, ni aux Offices de Florence, ni au Louvre. Seules des copies existent, créées à

1. Daniel Arasse, « De Manet à Titien », *Histoires de peinture*, Denoël, 2006, et podcast France Culture.

partir des descriptions faites par des témoins. Elle se trouve à Pompéi, sur une fresque, survivante de l'éruption du Vésuve de 79. Très facile à retrouver dans l'océan des images numériques. Son titre est *Vénus anadyomène*.

Elle a cette pause réservée normalement aux hommes quand ils participent au banquet philosophique : le corps couché sur une banquette dans une position indolente, le buste suffisamment relevé pour entamer le dialogue. Sur son corps, dans ses cheveux, à son cou, à ses chevilles, ses poignets, ses doigts, brillent des bijoux. Deux diamants noirs l'habillent. Ce sont ses yeux. Des yeux qui pensent. Des yeux qui parlent. C'est cela que j'essayais d'exprimer hier soir. Tenir le regard, c'est être un sujet même lorsqu'on prend une pose lascive comme *L'Odalisque* de Boucher.

Derrière la Vénus originelle de Pompéi, on reconnaît son « phallus » : son voile de déesse transformé en voile de bateau par l'effet d'un bon vent qui le gonfle. Sur sa coquille, Vénus vogue vers les aventures de la vie, son *venus* en bandoulière. Comme Beyoncé s'arrêtant de chanter pour nous fixer, elle nous scrute autant que nous la scrutons. Le dialogue peut s'entamer. Entre elle et nous, circule une énergie. Elle est la *vi dea*, déesse de la virilité-force de vie. En la regardant nous regarder, elle nous transmet cette énergie.

« Anadyomène » est le plus souvent traduit par « émergeant de l'eau », en référence au nom grec d'Aphrodite, composé sur l'*aphros*, l'écume. En fait, le terme n'évoque en rien la mer, ni d'ailleurs aucun des éléments. Avec ce qualificatif – épicène –, on se situe strictement à échelle humaine : le corps fait un mouvement de bas en haut tout en s'arrondissant pour traverser quelque chose. Il est à la fois émergeant et cyclique comme le soleil naissant le matin ou la lune le soir. À la fois érection et réception. Vénus est dressée, prête au combat de la vie et alanguie, prête à recevoir l'offrande du jour qui arrive, ou de la nuit.

La métaphore est parfaite pour décrire le « phallus » au sens de « pouvoir de parole » : non agressif, cherchant la beauté, le sensible, la musicalité, l'harmonie, et non la domination, la fascination, l'emprise. Ce pouvoir symbolique dit clairement qu'une femme peut être à la fois sujet et objet. Qu'elle peut être debout quand elle est couchée. Habillée quand elle est nue. Digne quand elle a de la vénusté.

Doublement puissante, cette Vénus souveraine et humaine nous affirme que, quel que soit notre âge, sexe, culture, nous pouvons tous posséder cette vaillance. Nous pouvons tous, quelle que soit notre option sexuelle, être viriles. Porteurs d'une virilité commune et vénusienne.

Le Deuxième Sexe, si on a le courage de le lire jusqu'au bout, se termine sur le mot « fraternité ». Voici le dernier paragraphe de ce livre-fleuve : « C'est au sein du monde donné qu'il appartient à l'Homme de faire triompher le règne de la liberté ; pour remporter cette suprême victoire, il est entre autres nécessaire que, par-delà leurs différenciations naturelles, hommes et femmes affirment sans équivoque leur fraternité. »

Pas de meilleur point d'arrivée que « fraternité » pour notre échappée dans le langage, avec ses évocations d'hier et d'aujourd'hui, ses ombres et ses lumières. Pourquoi ne pas rêver d'un féminisme de la reliance qui serait fraternellement partagé ? Femmes et hommes y seraient désireux de produire ensemble toutes sortes de liens entre masculin et féminin, esprit et chair, mots et choses, passé et futur… Des liens nouveaux ou sempiternels.

À coup sûr, nous allons voguer vers ce but si nous savons être viriles ensemble.

Viriles comme Vénus.

Remerciements

Merci à Jeanne Pham Tran qui a eu l'idée de ce livre. À Nathalie Sarthou-Lajus qui m'a incitée à réfléchir à la notion de « virilité » pour la revue Études. *À Jolanta Bak qui m'a mise sur les traces contemporaines de Vénus.*

Table

Imprimé en France
par JOUVE-PRINT
733, rue Saint-Léonard, 53100 Mayenne
octobre 2021 - N° 2967445C

JOUVE-PRINT est titulaire du label imprim'vert®